The Art of Execution

# The Art of Execution

리 프리먼 쇼어 지음    홍주희 옮김

# 투자$의 기술

•• 똑같은 종목을 사고팔아도 왜 나는 돈을 잃는가 ••

## 많은 투자에 실패하면서도,
## 어떻게 큰돈을 벌어들이는 걸까?

세계 최고의 펀드 매니저들의 감춰진 비밀을 밝힌다!

뜨록

# 이 책을 향한 찬사

대학원생들이 투자 서적을 추천해달라고 하면 보통 『현명한 투자자The Intelligent Investor』와 『어느 주식 투자자의 회상Reminiscences of a Stock Operator』을 소개합니다. 이제 추천서가 하나 더 늘었네요. 이 책을 30년 전에 읽었더라면 얼마나 좋았을까요.

— 데니스 M. 브라이언Dennis M. Bryan, FPA 펀드 파트너

이 책은 투자의 핵심을 짚어줍니다. 자신의 성향, 환경, 투자 대상을 명확히 이해한 사람만이 장기 투자에 성공할 수 있습니다. 단, 그 모든 결정에는 명확한 기준이 있어야 합니다.

— 크리스핀 오디Crispin Odey, 오디 자산 관리Odey Asset Management 창립 파트너

투자자가 손실 상황에 대응하고, 수익 상황에서 수익을 극대화할 수 있도록 포괄적인 전략을 제시합니다. 투자 초보자와 전문가 모두에게 추천합니다.

— 더크 엔덜라인Dirk Enderlein, 웰링턴Wellington 파트너 겸 펀드 매니저

개인 투자자와 전문 투자자 모두 값진 교훈을 얻을 수 있습니다. 투자 아이디어를 실행할 때 누구나 겪을 수 있는 행동 오류를 명확하게 보여줍니다.

— **제임스 잉글리스−존스**James Inglis-Jones, 라이언트러스트Liontrust 펀드 매니저

통찰력이 매우 뛰어납니다. 앞으로 저에게 아이디어 실행 방법과 타이밍을 더욱 철저히 검토하도록 이끌어주는 내면의 목소리가 되어줄 것입니다.

— **대니얼 니콜스**Daniel Nickols,

올드 뮤추얼 글로벌 인베스터스Old Mutual Global Investors 펀드 매니저 겸

영국 중소형주 투자 팀장

나의 아들 애덤Adam,

그리고 아내이자 소울메이트인 미갈Michal에게

너의 아버지로, 당신의 남편으로 살 수 있다는 건 엄청난 축복이야.

이 한 장에 다 표현할 수 없을 만큼 사랑해.


그리고 세상에서 가장 존경하는 어머니, 아버지.

두 분을 만난 건 제 인생 가장 큰 행운이었습니다.

# 목차

---

## 제1부
## "손실이 나고 있어요. 어떻게 하죠?"
### "I'm Losing–What Should I Do?"

**제2부**

# "수익이 나고 있어요, 어떻게 하죠?"

## "I'm Winning–What Should I Do?"

# 결론, 투자에 성공하는 습관
## Conclusion, The Habits of Success

# 승자의 체크리스트
## The Winner's Checklist

# 패자의 체크리스트
## The Loser's Checklist

# Introduction

# 서문

"투자 업계에서 오래 일할 생각은 아니길 바라네."

내 연구 결과를 검토한 동료가 걱정스러운 표정을 지으며 말했다. 나는 시티오브런던City of London과 월가Wall Street에서 가장 성공한 펀드 매니저 일부의 투자 성과를 분석하고 있었다.

"다시 검토해보는 게 어때? 만약 이 결과가 사실이라면, 대중은 충격에 휩싸이고 투자 업계는 뒤집어질 거야."

나는 결과를 다시 한번 확인했다. 수정할 내용이 없었다. 그렇게 이 책이 탄생했다.

## 놀라운 결과

2006년 6월부터 2013년 10월까지 약 7년간, 세계적인 투자자 45명이 진행한 투자 1,866건과 그에 해당하는 거래 내역 30,874건을 분석했다. 나는 올드 뮤추얼 글로벌 인베스터스의 펀드 매니저로서 이들의 투자 전반을 관리하는 귀중한 경험을 쌓을 수 있었다.

이 1,866건의 투자가 특별한 이유는 각 투자 대가가 7년 동안 제시한 '가장 돈이 될 만한 아이디어'를 반영했기 때문이다. 나는 '베스트 아이디어스 펀드'의 자금을 투자 대가 45인에게 1인당 2천만에서 1억 5천만 달러씩 배정하고, 투자 종목을 단 10개로 엄격히 제한했다. 세계 최고 투자자들이 가장 좋은 아이디어에 투자한다면 최대 수익을 낼 수 있겠다는 단순한 논리였다.

지구상에서 가장 똑똑한 사람들이 수백 시간 연구한 끝에 얻은, 확신으로 가득 찬 아이디어였다. 나는 분명 돈방석에 앉을 것이라고 확신했으나, 놀랍게도 이들 대부분은 투자에서 **돈을 잃었다.**

## 최고의 투자자들이 틀릴 때

나는 이들이 엄선한 투자 아이디어 중 49%(920건)만이 수익을 냈다는 사실을 알고 충격에 휩싸였다. 더 놀라운 점은 일부 '전설의 투자자'의 성공률이 겨우 30%에 불과했다는 것이다. 나는 세계 최고 투자 전문가들에게 가장 확실하고 수익성 높은 아이디어에 투자해달라고 요청했다. 그러나 그들의 성공률은 동전을 던져 앞면이 나올 확률보다 낮았다.

매년 수천만 달러를 벌고 '올해의 부자'에 이름을 올리는 전설의 투자자들이 의외로 고전한 점에 놀란 게 아니다. 흥미로웠던 사실은, 일부 투자자들이 세 건에 한 건 꼴로만 수익을 올렸음에도 전체적으로는 **돈을 잃지 않았다**는 점이다. 사실, 손실을 피한 정도가 아니라 아주 큰 수익을 올렸다. 그렇다면 의문점이 생긴다.

대부분의 아이디어가 틀렸는데도 이들은 어떻게 여전히 큰 수익을 올리는 걸까?

전설의 투자자들은 옳을 때보다 틀릴 때가 더 많음에도 불구하고 어떻게 큰 돈을 벌고 있는 걸까? 말로 설명할 수 없는 미다스의 손을 가진 게 아니라면, 과연 비결은 무엇일까?

나는 호기심에 불타올랐다. 그들의 7년간 거래 내역을 하나하나 분석하며 도대체 무엇을 어떻게 했는지 알아내야 했다. 그 비밀은 이 책에서 밝혀진다.

비밀을 알아내는 과정에서 주식 투자 성공은 훌륭한 아이디어와는 관련이 없다는 것을 알게 되었다. 결국 성공 여부는 훌륭한 아이디어가 어떻게 실행되는지에 달려 있었다. 부동산 투자에 성공하려면 '입지, 입지, 입지'가 중요한 것처럼 주식 투자 성공은 '실행, 실행, 실행'이 전부인 것이다.

---

"실행에 옮기지 않는 비전은 망상일 뿐이다."

-토머스 에디슨(Thomas Edison)

---

투자는 이른바 전문가들만의 전유물이 아니라는 것도 알게 됐다. 효과적인 실행의 기술은 지금껏 일반 대중에게 알려지지 않았다. 그 결과, 훌륭한 투자 전문가란 우리 같은 보통 사람은 생각할 수 없는 투자 아이디어를 가진 사람이라는 오해가 퍼졌다.

그러나 이는 절대 사실이 아니다. 그래서 전문 지식 유무와 상관없이 개인 투자자와 전문 투자자 모두에게 유용할 수 있도록 고심하며 이 책을 썼다.

책을 읽다 보면 알겠지만, 투자 아이디어가 맞는지 틀렸는지는 중요하지 않다. 그 아이디어를 가지고 **어떻게** 투자할 것인가, 즉 그 종목에 비중을 얼마나 두고, 손실 또는 수익 상황에서 어떻게 대응할 것인지에 집중하면 된다.

물론 이 사실을 처음 발견한 사람은 내가 아니다. 금융 업계의 선구자인 리오 멜라메드Leo Melamed는 이렇게 말했다. "실패율이 60%라도 결국엔 큰 수익을 낼 수 있다. 핵심은 자금 관리이다."

투자로 억만장자가 된 전설의 헤지 펀드Hedge Fund 매니저 폴 튜더 존스 2세Paul Tudor Jones II도 비슷한 말을 했다. "모든 월가 성공담의 핵심은 자금 관리, 자금 관리, 자금 관리이다."[2]

또 자수성가한 억만장자 트레이더Trader인 조지 소로스George Soros 도 "중요한 것은 맞냐 틀리냐가 아니라, 맞았을 때 얼마나 벌고 틀렸을 때 얼마나 잃느냐이다"라고 말했다.

이 책의 차별점은 투자 거물들이 실제로 어떻게 자금을 관리하는지 구체적인 사례를 제시한다는 점이다.

나는 그들의 비밀이 무엇인지 안다. 그리고 여러분도 곧 알게 될 것이다.

## 이 책의 구성

훌륭한 투자 아이디어를 성공적으로 실행해서 큰돈을 벌려면, 손실 또는 수익이 나고 있음을 알아챈 이후의 행동이 중요하다. 따라서 이 책은 두 가지 시나리오에 맞춰 구성되었다.

제1부 "손실이 나고 있어요. 어떻게 하죠?"에서는 훌륭한 아이디어에 투자했으나 손실이 나고 있는 상황을 다룬다. 그럴 때 여러분이 올바른 결정을 내릴 수 있도록 내가 고용했던 펀드 매니저들의 실제 사례를 소개한다.

나는 책에서 펀드 매니저를 여러 그룹으로 분류했는데, 데이터를 자세히 들여다보니 그룹별로 뚜렷한 투자 패턴이 나타났기 때문이다. 모두가 개별적으로 행동했지만, 각자의 의사 결정 방식에 따라 무리가 형성되었다.

제1부에서는 토끼, 암살자, 사냥꾼 세 그룹을 소개한다. 이 세 그룹은 손실 상황을 여러 차례 겪었다. 이들 중 두 그룹은 큰돈을 벌었지만 나머지 한 그룹은 그러지 못했다. 최종 승자가 된 암살자와 사냥꾼의 효과적인 투자 습관을 자세히 살펴볼 것이다.

또한 큰돈을 날리고 결국 나에게 해고당한 토끼의 실패 요인도 알아볼 것이다. 우리 모두 토끼의 약점에 쉽게 공감할 수 있을 것이다. 그러나 다행히도 이러한 약점은 누구나 고칠 수 있다. 토끼들이 약점을 인지하고 개선하려 했다면 충분히 다른 결과를 맞이할 수 있었을 것이다.

암살자와 사냥꾼 모두 손실을 수익으로 전환하는 데 탁월했지만, 그들이 위기 상황에서 빠져나오는 방식은 매우 달랐다. 둘 중 어떤 그룹에 들어갈지는 여러분이 결정하면 된다.

제2부 "수익이 나고 있어요. 어떻게 하죠?"에서는 훌륭한 아이디어에 투자해 수익이 나고 있는 상황을 다룬다. 그럴 때 여러분이 올바른 결정을 내릴 수 있도록 좀도둑이 저지른 실수와 소믈리에로부터 배울 점을 살펴본다. 독자 중 다수는 수익 상황에서 잘못된 결정을 내리는 좀도둑에 공감할 것이다. 반면, 우리가 본받아야 할 롤모델은 소믈리에 그룹이다.

손실과 수익 상황에서의 행동에 따라 펀드 매니저를 다섯 그룹으로 분류해보니 어떤 투자자들은 동시에 두 그룹에 속하기도 했다. 즉, 훌륭한 암살자는 훌륭한 소믈리에일 수도 있는 것이다. 그러나 정의대로라면 토끼는 절대 사냥꾼이 될 수 없다.

이 책에서는 익명성을 보장하기 위해 펀드 매니저의 실명을 언급하거나 세부 정보를 통해 누구인지 특정할 수 없게 했다. 그러나 투자 종목을 포함한 모든 주요 정보는 하나도 빠짐없이 사실이다. 책에 등장하는 모든 투자에는 실제로 수백만 파운드, 달러, 유로가 오고 갔다. 언급된 투자 손실금과 수익금 모두 내가 고용한 펀드 매니저들이 실제로 잃고 벌어들인 금액이다.

나는 전설의 펀드 매니저들이 새로운 아이디어나 애정, 두려움 같은 유혹으로 인해 잘못된 길에 빠져 들었을 때 어떻게 탈출하고 회복했는지를 보여주고자 한다. 이 책을 읽고 있는 독자들도 바로 같은 방법들을 적용할 수 있을 것이다.

2015년 런던에서
리 프리먼 쇼어

"멀리 보려면 거인의 어깨 위에 올라타야 한다."

–아이작 뉴턴(Isaac Newton)

# "I'm Losing What Should I Do?"

# "손실이 나고 있어요.
# 어떻게 하죠?"

제1부에서는 손실 상황에 놓인 세계 최고 펀드 매니저들을 만나 본다.

투자자라면 한번쯤 이런 상황을 겪어봤을 것이다. 투자한 종목이 큰 손실을 기록하고 있으며, 전망도 어둡고 불확실하다. 이때 중요한 결정을 내려야 한다. 손절할 것인가, 보유할 것인가. 보유한다면 추가 매수를 할 것인가.

토끼의 사례를 통해 조심해야 할 투자 실패 요인을 살펴보자. 그리고 암살자와 사냥꾼을 통해 상황을 수습하거나 실제로 손실을 수익으로 바꾸는 확실한 전략을 배워보자.

# 1장

# 토끼

## 손실의 덫에 빠진 자

The Rabbits: Caught in The Capital Impairment

토끼들은 내가 고용한 펀드 매니저들 중 가장 별 볼 일 없는 성과를 내긴 했지만, 다들 사회적으로 크게 성공한 전문가였다. 시티오브런던과 월가에서 유명한 인물도 많았다. 그중 한 명은 고층빌딩 최상층에 사무실을 갖고 있었다. 거구의 경비원 두 명이 입구에 서서 방문객을 맞이하고, 통유리 아래로 아름다운 뷰가 보이는 회의실과 대리석이 깔린 연회장을 갖춘 최고급 사무실이었다.

　수십 년 경력의 유명 투자자도 있었다. 몇몇은 대중적인 인기를 얻어 실제 주부 팬을 거느리기도 했다. 누가 봐도 호감형으로, 마주칠 때마다 성공의 기운을 뿜어냈다. 그러나 이런 전설의 펀드 매니저들과 만나는 것은 말처럼 쉽지 않았다. 내가 이들에게 운용을 맡긴 금액은 총 5천만 달러였다.

　그러지 말았어야 했는데. 이 장을 끝까지 읽어보면 이유를 알게 될 것이다.

## 성급하게 투자에 뛰어들기

이들의 어떤 투자 습관이 유독 토끼 같았는지, 몇 가지 사례를 통해 살펴보자.

## 사례 연구: 바이크 커뮤니케이션즈

영국 기업인 바이크 커뮤니케이션즈Vyke Communications는 휴대전화, 컴퓨터, 일반 전화선으로 인터넷 전화를 걸고 메시지를 보낼 수 있는 소프트웨어를 전문으로 다루는 업체다. 토끼 A는 국제 전화를 무료로 걸 수 있다는 점에서 이 기업이 크게 성장할 것이라고 예상했다. 제2의 스카이프Skype가 되어 글로벌 커뮤니케이션에 혁신을 일으킬 것 같았다.

그는 2007년 10월 31일, 바이크 커뮤니케이션즈의 주식을 주당 2.10파운드에 매수했다. 하지만 결과적으로 이는 바이크 커뮤니케이션즈 주식의 최고가에 가까운 시점이었다. 첫 매수 직후 주가가 하락하자 토끼 A는 추가 매수를 시작했다. 기업에 확신이 있다면 대개 유효한 전략이므로 괜찮아 보였다.

그러나 주가는 하락세를 이어갔다. 그는 주식을 보유하되 더 이상 추가 매수는 하지 않았다. 그리고 2010년 7월 2일, 2년 반이 지나서야 주식을 전량 매도하기로 결정했다. 당시 주가는 99% 하락해 0.02파운드에 거래되고 있었다.

시장 연평균 수익률을 8%로 계산하면 투자 원금을 회복하기까지는 60년이 걸릴 것이다. 즉, 본전을 찾으려면 9,900%의 수익률을 올려야 한다.

---

보스톡 나프타Vostok Nafta는 스웨덴 증권 거래소에 상장된 투자 회사로, 독립국가연합CIS 지역의 자산에 투자하고 있다. CIS는 과거 소련을 구성했던 국가 중 일부가 비공식적으로 결성한 연합체로, 무역과 안보의 조율을 목표로 한다.

보스톡 나프타의 투자는 석유, 가스, 광산업 분야의 민간 및 공기업에 집중되어 있었다. 덕분에 과거에는 많은 유럽 투자자들이 원자재에 대한 전망을 긍정적으로 보고 주식을 매입했고, 보스톡 나프타는 이를 위한 레버리지 투자Leverage Investment, 자본을 빌려서 투자 규모를 키우는 방식의 투자–편집자 주 수단이 되었다.

그러나 최근 들어 보스톡 나프타는 투자 포트폴리오를 소비재 중심 기업에까지 넓히고 있다. 온라인 광고 회사인 아비토Avito뿐 아니라 러시아 최초이자 유일의 신용카드 회사인 팅코프 크레딧 시스템Tinkoff Credit Systems에도 상당한 투자를 하고 있다.

현재의 보스톡 나프타는 예전과는 전혀 다른 모습이다. 이는 지난 20년 동안 러시아와 주변국이 얼마나 급변했는지를 보여주며, 이제는 더 이상 원자재 레버리지 투자를 대표하는 기업이라 할 수 없다.

2008년 4월 11일, 토끼 B는 해당 주식을 주당 9.14유로에 매수했다. 이후 5개월 동안 예상과 달리 주가가 하락하자 그는 내 설득에 못 이겨 주당 3.95유로에 주식을 매도했고, 57%의 손실을 보게 되었다.

여기서 주목할 점은 토끼 B가 주식을 매도한 유일한 이유가 내가 추가 매수 또는 손절을 압박했기 때문이라는 것이다. 토끼 B는 대응을 원하지 않으면서도 합당한 이유를 대지 못했다. 내가 개입하지 않았다면 분명 지금까지도 그 주식을 들고 있었을 것이다.

주가가 반등해 시장 연평균 수익률인 8%만큼 매년 올라도 투자 원금 회복까지는 11년이 걸린다. 즉, 투자 원금에서 57% 손실이 날 경우 이를 회복하기 위해서는 주가가 133% 상승해야 한다.

---

## 사례 연구: 레이마린

레이마린Raymarine은 선박용 전자장비 전문 업체로, 고객이 레이더, 위성 TV, 어군 탐지기, GPS, 통신기기 외 다양한 장비를 구매해 요트에 직접 설치할 수 있다.

2007년 5월 31일, 토끼 C는 해당 주식을 주당 4.27파운드에 매수했다. 23개월 후 주가는 폭락했으나 그는 여전히 주식을 보유하고 있었다. 레이마린이 훌륭한 기업이라고 말하면서도 추가 매수는 하지 않았다. 주식의 유동성이 너무 낮아 더 이상 매수가 불가능했기 때문이다. 이를 반대로 대입해보면, 유동성이 너무 낮아 매도할 수 없다는 의미이기도 했다. 이는 초보자들이 자주 하는 투자 실수로, 공개시장에 투자할 땐 쉽게 빠져나올 수 없는 곳에 함부로 투자해서는 안 된다.

또한 토끼 C는 이미 자금을 충분히 투입했다고 생각했다. 그에게 뭐든 하라고 압박을 가하자 2009년 4월 15일, 주당 0.17파운드에 가까스로 포지션 전체를 매도했다.

투자 원금의 96%가 증발했다. 회복하려면 시장 연평균 수익률을 8%로 계산했을 때 43년이 걸리고 2,463%의 수익률을 올려야 한다.

## 토끼의 실패 요인

토끼들은 터널을 너무 깊이 파버려 다시는 빠져나올 수 없었다. 왜 그런 실수를 반복했을까?

> "미래를 결정하는 수많은 요인 중
> 마음가짐과 정신상태가 가장 중요하다."
>
> -리자청(Li Ka Shing)

재미 삼아 '토끼'라고 이름을 붙이긴 했지만 토끼의 실수는 매우 인간적이다. 토끼의 투자 내역 전체를 분석해 이들의 실패 요인을 열 가지로 정리했다. 투자자라면 누구나 같은 실수를 할 수 있지만, 더 나은 습관을 통해 이를 통제하거나 피해 갈 수 있다.

토끼는 다음과 같은 요인에 굴복해 결국 옴짝달싹 못 하다가 끔찍한 결과를 맞이했다.

## 1. 보고 싶은 대로 보아서

토끼는 서사 오류 프레이밍 편향Narrative Fallacy Framing Bias에 큰 영향을 받았다. 이 개념은 이스라엘의 위대한 학자인 아모스 트버스키Amos Tversky와 그의 노벨상 수상에 도움을 준 대니얼 카너먼Daniel Kahneman이 1974년에 간접적으로 언급했다.[3]

두 사람의 아이디어는 열 번째 실패 요인까지 여러 차례 언급된다. 인간은 어떤 결정을 내릴 때 **프레이밍 편향**Framing Bias 또는 기준점 휴리스틱Anchoring Heuristic이라는 인지 상태에 영향을 받는다고 한다. 즉, 결정을 내릴 때 문제가 어떻게 제시(프레이밍)되느냐에 따라 다른 결론을 내리는 경향이 있다는 것이다.

토끼가 저지른 한 가지 실수는 자신의 평소 투자 성향에 치우쳐 주식을 바라본 것이었다. 바이크 커뮤니케이션즈에 투자했던 토끼 A는 급등 예상주에 관심이 많았고, 그에 맞는 대박 종목을 물색하고 있었다. 따라서 어떤 종목이 조금이라도 급등 징조를 보이면 그 점을 확대 해석했다. 한 걸음 더 나아가, 서사 오류 프레이밍 편향은 우리가 손실 상황을 긍정적으로 설명하기 위해 스토리를 만들어내는 경향이 있음을 시사한다.

다음 차트를 보고 어떤 기업에 투자하겠는가?

**차트 1: 어떤 기업의 주식을 더 선호하는가?**

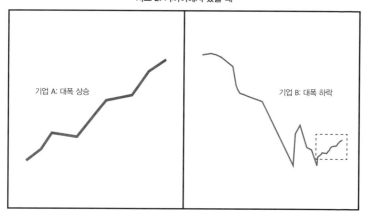

기업 A: 대폭 상승

기업 B: 대폭 하락

차트를 조금 더 가까이에서 보자.

**차트 2: 가까이에서 봤을 때**

기업 A: 대폭 상승

기업 B: 대폭 하락

투자의 기술

두 차트는 실제로 같은 기업의 주식일 뿐만 아니라 종료 시점도 정확히 같다. 유일한 차이점은 기간과 그로 인해 우리가 받는 인상이다.

첫 번째 차트만 보면 당장 낚아야 할 좋은 주식처럼 보이고, 두 번째 차트만 보면 멀리해야 할 나쁜 주식으로 보인다. 둘 다 동시에 사실일 수는 없다.

토끼들은 손실을 볼 때면 서사 오류 프레이밍 편향이 발동해 이렇게 생각했다. '그래, 손실이 난 건 맞지만 내가 투자한 근거는 여전히 유효해. 여기서 주가가 반등하면 그래도 수익이 날 거야.'

토끼는 그 종목이 늘 매력적으로 보이게끔 머릿속으로 스토리를 끊임없이 수정하고 자신이 보고 싶은 기간에만 주목했다. 토끼들의 사례는 자신이 만든 투자 스토리에 부정적인 영향을 끼치는 예측 불가능한 사건, 일명 블랙스완에 전문 투자자들이 어떻게 반응하는지를 잘 보여준다. 그들은 블랙스완을 무시하는 경향이 있다. 나중에 알고 봤더니 바이크 커뮤니케이션즈에는 심각한 문제가 있었다. 2011년 해당 주식은 상장 폐지되었고 회사는 곧 파산했다. 그 전에 주식을 전량 매도했으니 토끼 A는 그나마 운이 좋았다고 할 수 있다.

## 2. 첫눈에 반해서

두 번째 실패 요인인 **초두 오류**Primacy Error는 첫인상이 지속적이고 과도한 영향을 미치는 현상을 말한다. 일상에서 볼 수 있는 초두 오류의 대표 현상은 첫눈에 반하는 것이다. 갓 부화한 오리는 태어나서 처음 보는 생명체를 엄마라 여긴다. 새끼 오리가 당신을 처음 봤다면 어딜 가든 당신 뒤를 졸졸 따라다닐 것이다.

　토끼에게도 첫인상이 전부인 경우가 많았다. 보스톡 나프타에 투자한 토끼 B는 옛날에 회사를 조사한 후 최신 정보를 업데이트하지 않았다. 그 결과, 손실이 나고 있는데도 굼뜬 반응을 보였다.

---

"과학자가 가설을 세운 후 너무 깊게 빠져버리면
실험 결과가 반대로 나와도 받아들이지 못한다."[4]

-마이클 브룩스(Michael Brooks)

---

　사랑에 쉽게 빠지지 않는 냉철한 투자자도 안심할 수 없다. 그 반대 감정도 당연히 문제가 될 수 있기 때문이다.

　스튜어트 서덜랜드Stuart Sutherland는 저서 『비합리성의 심리학 Irrationality』에서 후광 효과Halo Effect와 악마 효과Devil Effect를 언급했다. 우리가 어떤 종목을 처음 알게 되어 주가 차트를 확인했을 때 주가가 지난 10년 내내 하락했다면 그 주식을 '나쁜 주식'(은어로는 '잡주')으로 분류할 것이다. 그 후 근본적 원인이 개선되더라도 우리는 여전히 편견에 사로잡혀 있을 수 있다. 따라서 아무런 이유 없이 기피되는 훌륭한 기업도 존재할 수 있으며, 진정한 가치 투자자들은 이 사실을 이미 알고 있다.

## 3. 새로운 정보를 받아들이지 않아서

초두 오류와 밀접한 관련이 있는 인지 편향으로 **닻 내리기 효과** Anchoring가 있다. 배가 어느 지점에 닻을 내리면 움직이지 못하듯, 인간의 사고도 한 지점에 깊이 닻을 내리면 자신이 틀렸다는 사실을 인정하기 어려워 새로운 정보를 받아들이는 것을 꺼리는 현상이다.

토끼들이 결국 마음을 바꿨더라도 그 과정은 늘 고통스러울 만큼 느리게 진행되었다. 바이크 커뮤니케이션즈에 투자한 토끼는 손절하는 데 2년 반이 걸렸고, 레이마린에 투자한 토끼는 주가 하락에 반응하기까지 거의 2년이 걸렸다. 보스톡 나프타에 투자한 토끼는 아예 생각을 바꾸지 않았고 다른 종목에서도 비슷하게 고집을 부렸다.

흔히 어닝 서프라이즈Earning Surprise, 기업의 영업 실적이 시장의 예상치를 넘어 주가 상승에 긍정적 신호를 주는 것–편집자 주가 연달아 발생하는 이유를 닻 내리기 효과로 설명할 수 있다. 애널리스트는 예측 모델을 이용해 분석한 기업의 실적 예측치를 천천히 조정하는 경향이 있다. 누구나 자신이 틀렸다는 사실을 인정하는 것을 좋아하지 않으며, 특히 예측을 180도 바꿔야 할 때 더욱 그렇다. 따라서 실적 예측치를 한 번에 크게 상향하기보다는 점진적으로 조금씩 상향하게 되며, 이로 인해 어닝 서프라이즈가 다음 분기, 그다음 분기까지 계속 이어지게 된다.

## 4. 매수 금액이 너무 생생하게 기억나서

골드바를 1천 파운드에 구매했다고 가정해보자. 다음 날 내가 그 골드바를 5백 파운드에 팔라고 제안한다면 어떻게 하겠는가? 대부분은 팔지 않을 것이다.

내가 신문을 펼쳐 보이며 금값이 하룻밤 사이에 폭락했으니 지금 시장에 내다 팔아도 250파운드밖에 받을 수 없다고 설득한다면? 그래도 팔지 않을 가능성이 크다. 이는 전날 지불한 1천 파운드에 닻을 내렸기 때문이다. 더군다나 골드바를 소유하게 되면서 그 가치에 대한 개인적인 이해관계가 생겼기 때문에, 골드바가 실제로는 제시된 가격보다 더 높은 가치가 있다고 믿게 된다. 이를 **소유 편향** Endowment Bias이라고 한다.

가격을 직접 제시할 수 있다면 얼마를 부르겠는가? 닻을 내린 가격, 즉 지불액인 1천 파운드 이상일 것이다.

전문 투자자들을 관리했던 경험상 단기간에 발생한 큰 손실을 받아들이는 일은 불가능에 가까우며, 특히 투자 규모가 클수록 더욱 고통스럽다. 매도해서 손실을 확정하는 것보다 손실 종목을 보유하는 편이 더 쉬운데, 그 이유는 매도 후 주가가 반등하는 머피의 법칙이 두렵기 때문이다. 토끼들은 손실을 확정하고 싶지 않았다. 그 종목을 얼마에 매수했는지 너무나 잘 알고 있었기 때문이다.

이제 같은 골드바를 10년 동안 보유했다고 가정해보자. 아마 10년 전 지불액이 기억나지 않으니, 나에게 5백 파운드에 넘길 가능성이 크다. 닻을 내렸던 가격을 훨씬 덜 의식하기 때문에 결정이 한결 쉬워진다. 더군다나 시세의 두 배를 제시하고 있으니 괜찮은 제안처럼 들릴 것이다.

## 5. 군중심리 때문에

수년간 내 돈을 날린 범인으로 토끼들을 지목하긴 했지만, 그들만 그 종목에 투자한 건 아니었다. 안타깝게도, 이는 토끼들이 잘못 고른 종목을 계속 들고 있던 이유이기도 하다.

신경 과학자들에 따르면, 남들과 다르게 행동할 때 뇌에서 두려움을 담당하는 편도체가 활성화된다고 한다. 대중과 반대로 움직일 때 투자자는 긴장한다. 다른 사람이 자신을 비웃을까 두려워서 홀로 목소리를 내는 투자자는 드물다.

많은 투자자들이 토끼들과 같은 종목에서 큰 손실을 입었다.

안타깝게도, 또래 압력Peer Pressure에 순응하는 성향 때문에 대부분 투자자는 상승 막바지가 되어서야 투자를 시작한다. 이웃들과 친구들이 떼돈을 벌고 있을 때 옆에서 구경만 하고 있는 바보로 보이고 싶은 사람은 없다.

펀드 매니저로서, 내가 보유하지 않은 종목의 주가가 상승할 때 서둘러 매수해야 할 것 같은 정신적 압박은 어마어마하다. 더군다나 나를 괴롭히는 주식을 팔아버리고 싶은 충동과 끊임없이 싸워야 한다. 기쁨, 고통, 두려움 같은 감정은 투자자가 행동에 나설 때뿐만 아니라 아무런 대응도 하지 않는 이유를 설명하는 중요한 요인이다.

"실제로 가장 비판받기 쉬운 사람은… 장기 투자자이다…
단기적으로 성공 가능성이 낮아서… 사람들에게 인정받기 어려울 것이다.
세상 이치에 따르면, 비전통적 방식으로 성공하기보다
전통적 방식을 따르다가 실패하는 편이 평판에 훨씬 더 낫다."[5]

-존 메이너드 케인스(John Maynard Keynes)

## 6. 과한 자존심 때문에

토끼들은 틀리는 걸 극도로 싫어했다. 사실 궁극적으로는 돈을 버
는 것보다 자신이 옳다는 것을 증명하는 데 더 관심이 있었다. 내가
아는 전문 투자자들 또한 속으로는 같은 생각을 하고 있었다.

토끼들이 손실 난 종목을 옹호할 때마다 나는 워런 버핏Warren
Buffett의 명언을 들려주었다. "예측으로 미래를 알 수 없지만, 그 예측
을 한 사람에 대해서는 많은 것을 알 수 있다."

토끼들은 모두 가짜 여권을 가지고 다녔다. 사실 나심 탈레브
Nassim Taleb가 만들어낸 가상 국가인 극단의 왕국Extremistan 출신이었다.
이들은 절대 자신의 견해가 틀렸다는 사실을 인정하지 않았다.

세상에서 가장 똑똑한 사람도 틀릴 수 있다. 내 연구 결과에 따르
면 틀릴 확률이 절반은 넘을 것이라 예상해야 한다. 이 책의 투자 대
가들조차 그렇지 않은가!

투자의 기술

## 7. 책임을 회피하느라

불운의 원인을 타인과 외부 요인에 돌리고, 일이 잘 풀리면 그 공을 온전히 자신에게 돌리는 행위를 행동심리학자들은 **자기 귀인 편향**Self-Attribution Bias이라 부른다. 이는 우리가 과거의 실수에서 배우지 않고 같은 실수를 반복하는 주요 원인 중 하나이다.

손실 종목을 붙들고 있는 토끼들의 이야기를 듣다 보면 '시장'과 '운' 두 악당이 너무 자주 등장해 놀랄 때가 많다. "시장이 이상해서요." "제 잘못 아닙니다. 아무도 예상 못한 XYZ 때문에 저는 운이 나빴을 뿐입니다." 이 둘은 단골 레퍼토리이다.

토끼들은 이 두 악당만 비난하지 않는다. 레이마린에 투자한 토끼는 아무 대응도 하지 않았던 이유를 낮은 유동성으로 돌렸다. 낮은 유동성은 실재하는 문제지만, 진정한 투자자라면 결코 마주치지 않을, 충분히 피할 수 있는 악당이다.

## 8. 잘못된 정보 때문에

토끼는 손실이 발생하면 그 상황에서 **올바른** 결정을 내리기 위해 더 많은 정보를 찾아 나선다. 자존심과 자기 귀인 편향 문제와도 관련이 있다.

안타깝게도 추가 리서치는 생각만큼 좋은 해결책이 아니다. 예를 들면, 해당 종목을 추천했던 애널리스트가 후속 리서치를 진행한다면(시티오브런던과 월가에서 흔히 있는 일이다) 자연스럽게 그의 초점은 여전히 그 종목을 지지하는 이유에 맞춰질 것이다. 누구도 자신이 틀렸음을 인정하고 싶어 하지 않기 때문이다.

게다가 펀드 매니저가 좋아하거나 존경하는 애널리스트인 경우가 많아 그들의 견해에 좀처럼 반박하지 않는다. 애널리스트가 결론을 도출하기 전에 다루어야 할 변수와 가설이 얼마나 많은지 생각해보면, 자신의 의견에 자신감을 가질 수 있다는 것 자체가 신기하게 느껴진다.

토끼들은 20년가량 대규모 자산을 관리하는 전문 투자자로 활동한 덕분에 주요 인사들의 명함도 갖고 있었다. 어떤 기업의 '스토리'가 위태로울 때면 제일 먼저 하는 일은 CEO의 개인번호로 전화를 걸어 상황을 파악하는 것이었다. 그러나 별것도 아닌 사소한 일을 언론이 과대 보도했다는 말을 듣고 안심한 토끼는 아무런 대응도 하지 않았다. 주식을 추가 매수하지도, 손절하지도 않았다.

위기 상황에서 더 많은 정보를 얻고 싶은 유혹은 책임을 회피하려는 욕구에서 비롯된다. 어려운 결정을 내려야 할 때 의사 결정자가 더 많은 사람을 의사 결정 과정에 참여시키는 경우를 흔히 볼 수 있다. 참여자가 많아질수록, 일이 잘못되어도 의사 결정자 자신의 책임이 아니라는 느낌을 주어 마음이 편해지기 때문이다. 이러한 이유로 기업 이사회는 중대한 결정을 내리는 것을 꺼리며, 대신 재무 컨설턴트와 같은 외부 자문에 크게 의존하는 경향이 있다.

내기에 관한 여러 연구에 따르면, 정보가 많을수록 자신감은 올라가지만 정확도(성공률)는 달라지지 않는다고 한다.

"나는 가끔 숫자에만 집중하지 말라고 되뇐다.
숫자가 위험한 이유는 당신이 실제 알고 있는 것보다
더 많이 안다고 착각하게 만들기 때문이다.
상대 선수가 무엇을 하고 있는지 생각하는 대신
결국 확률에만 집착하게 될 것이다."[6]

-요한 레러(Johan Lehrer)

## 9. 손실이 너무 크다는 이유로 매도하지 못해서

많은 다른 펀드 매니저처럼, 토끼는 손실이 적은 종목보다 손실이 큰 종목을 포기하기 힘들어했다. 히만슈 미시라Himanshu Mishra, 아룰 미시라Arul Mishra, 다난제이 나야칸쿠팜Dhananjay Nayakankuppam, 프리야 라구비르Priya Raghubir, 조이딥 스리바스타바Joydeep Srivastava가[7] 제시한 **액면가 효과**Denomination Effect로[8] 이 현상을 설명할 수 있다.

이들의 연구에 따르면, 큰 액수의 지폐보다 작은 단위의 동전을 가지고 있을 때 돈을 더 쉽게 쓴다고 한다. 손실액이 클수록 대부분 사람은 더 긴장하고 결정을 내리지 못하는 경향이 있다. 이는 포트폴리오 종목 수가 적을수록 더 큰 문제가 될 수 있다. 실제로 전설적인 투자자들도 보유 종목이 100개 이하인 펀드에서는 매도가 훨씬 더 쉬운 일이라고 인정했다. 손실이 발생한 포지션을 정리하더라도 펀드 전체 순자산 가치의 1%에 불과하기 때문이다. 예를 들어, 한 종목의 주가가 40% 하락하더라도 손실은 0.4%에 불과하다. 반면, 내가 의뢰한 펀드의 경우 종목이 10개뿐이라 각 포지션은 포트폴리오에서 평균 10% 비중을 차지했다. 결과적으로, 40% 하락한 종목 하나를 매도하면 총 운용자산의 4%의 손실을 확정하는 것이다.

### 10. '이번 판은 내가 이길 차례'라고 믿어서

토끼와 같은 투자자는 흔히 도박꾼의 오류에 빠지곤 한다. 이는 특정 종목이 최근 부진했으니 이제 수익 가능성이 높아졌다는 잘못된 생각을 의미한다. 마치 카지노 룰렛 게임에서 연속으로 패배한 후 "이번 판은 이길 차례야"라고 믿는 것과 같다. 확률이 50 대 50인 동전 던지기 게임에서 도박꾼은 착각에 빠진다. 패배가 계속될수록, 게임을 더 오래 이어갈수록 승리 확률이 커진다고 믿는다. 하지만 동전의 앞면이 나올 확률은 언제나 50%이다. 각 게임은 독립적인 사건이며, 이전 게임의 결과가 이후 결과에 아무런 영향을 미치지 않는다.

## 토끼는 어떻게 해야 했을까

달갑지 않은 소식은 누구나 토끼가 될 수 있다는 것이고, 반가운 소식은 마음먹으면 토끼가 되지 않을 수 있다는 것이다. 토끼는 문제를 극복하기 위해 어떻게 해야 했을까?

### 1. 늘 계획을 세워둔다

투자는 확률 싸움이다. 투자 여부는 승률과 투자자 스스로가 생각하는 자신의 강점에 달려 있다. 이 두 요소를 고려해 보유 종목의 주가가 20%, 50% 하락하거나 상승하면 정확히 어떻게 대응할 것인지 미리 계획을 세워야 한다.

대부분 투자자는 뼈아픈 손실을 겪어도 아무것도 하지 않는다. 토끼로 변신해 꾸물거릴 뿐이다. 온갖 편견에 휘둘리며 머리가 뒤죽박죽된 상태로 결정을 미루고 시간이 문제를 대신 해결해주길 바란다. 이를 방지하는 최고의 방법은 투자가 잘 풀리지 않으면 정확히 어떻게 대응할지 미리 계획을 세워두는 것이다. 토끼는 계획이 하나도 없었지만, 당신은 다르다.

계획에 포함할 내용은 매우 간단하다. 2번에서 설명하겠지만 결국 선택지는 두 가지뿐이다.

## 2. 손절하거나 추가 매수한다

손실 종목을 들고 있으면 끔찍한 기분이 든다. 스스로가 밉고 시간을 되돌리고 싶다. 잠도 제대로 이룰 수 없다. 어떤 사람들은 종교에 기대어 신께 구원을 요청한다.

"신이시어, 제가 매수했던 가격으로 되돌려주세요. 손실 없이 무사히 벗어나게 해주시면 앞으로 좋은 투자자가 되겠습니다. 돈을 벌게 해달라는 것도, 욕심을 부리는 것도 아닙니다."

사실 나도 이런 기도를 (옛날에!) 몇 번 해봤다. 슬프게도 효과는 없었다.

손실 상황에서 유일한 해결책은 손절하거나 비중을 대폭 늘리는 것이다. 살아남아 돈을 벌고 싶다면 반드시 적극적으로 대응해야 한다.

매수 후 주가가 하락한다면 당신이 틀렸다고 시장이 신호를 보내는 것이다. 만약 그 투자 결정이 옳았다고 진심으로 생각한다면 타이밍이 잘못된 것이다. 빨리 실수를 인정하고 행동할수록 더 나은 결과를 얻을 수 있다.

내가 우리 회사 펀드 매니저들에게 묻는 중요한 질문이 하나 있다. 여러분도 답해보라.

"나에게 전적으로 선택권이 있는 상태에서 투자 종목을 선택할 수 있다면, 지금 알고 있는 정보를 바탕으로 오늘 그 주식을 매수하겠는가?"

"아니요" 또는 "아마도? 그런데…"라고 답했다면 그 주식을 매도해야 한다. 오늘이라면 사지 않겠다고 결론을 내고도 매도 버튼을 누르지 못하고 있다면 이는 소유 편향 때문이지, 합리적인 투자 논리 때문이 아님을 인식해야 한다. 매도하라.

전설의 투자자인 피터 린치Peter Lynch도 비슷하게 접근했다.

"몇 개월 주기로 그 스토리를 마치 처음 듣는 것처럼 다시 살펴보았다… 펀더멘털Fundamental이 악화되었지만 주가가 오른 경우에는 매도하고, 펀더멘털이 개선되었으나 주가가 하락했으면 매수했다… 주가가 하락했다는 건 손실 종목을 할인된 가격에 잔뜩 살 수 있는 기회가 왔다는 의미이다. 보유 종목 주가가 25% 하락했는데도 추가 매수가 망설여진다면 주식으로 돈을 벌긴 힘들어 보인다."[9]

손실이 나고 있을 때 가만히 있는 것은 결코 선택지가 될 수 없다.

만약 주가가 반등한다면 자금을 더 투자해야 하고, 계속 하락한다면 손절해야 한다.

토끼가 나쁜 투자자였던 이유는 자신이 틀렸다는 사실을 인정하지 않았기 때문만이 아니다. 진정한 문제는 손실 상황을 알고도 아무것도 하려 하지 않았다는 것이다.

---

**데이터 탐구**

### 적극적으로 대응하지 못하면 패자는 계속 패자로 남는다

최초 매수 시점과 최종 매도 시점 기준으로 주가가 하락한 941건의 투자 중 32건(3%)만이 물타기로 수익을 냈다. 중요한 사실은, 주가가 하락한 종목을 보유하기로 결정하고 적극적으로 대응했다면 다른 많은 종목에서도 손실 대신 수익을 낼 수 있었을 것이라는 점이다.

대응해야 하는 이유가 분명함에도 불구하고 오직 소수의 투자자만이 큰 변화를 일으킬 만한 용기가 있었다. 이러한 훌륭한 투자자들은 3장에서 만나볼 것이다.

---

나는 요즘 우리 회사 펀드 매니저들에게 주가가 20% 이상 하락하면 수습이 어려운 상태가 되기 전에 빠르게 조치를 취하라고 압박하고 있다. 뛰어난 투자자라도 손실이 났을 때 올바른 결정을 내린다고 확신할 수 없기 때문이다. 최고의 운동선수도 코칭과 관리가 필요하다.

## 3. 올인하지 않는다

앞서 언급한 2번과 직결되는 내용으로, 보유 종목에 확신이 있더라도 물타기가 불가능한 상황을 만들어서는 안 된다. 올인은 잘못된 자금 관리 방법이다. 만일의 사태에 대비해 여유 자금을 남겨둬라. 그러면 투자금이 너무 커서 매도할 수 없다고 느끼는 액면가 효과도 **막을 수 있다.**

---

"내가 운용하는 파브라이 펀드(Pabrai Funds) 포트폴리오에서는
종목별로 자산의 10%씩 투입함으로써 예측이 틀리는 상황을 대비한다.
최고의 운용법은 아닐지라도 6등 종목이 2등 종목보다 우세할 때
생기는 문제를 해결할 수 있다. 가장 확신 없던 하위 서너 종목이
가장 자신 있던 종목을 앞서는 경우가 많다."[10]

-모니시 파브라이(Mohnish Pabrai)

---

"행동한다고 반드시 행복해지는 건 아니지만
행동하지 않으면 행복할 수 없다."

-벤저민 디즈레일리(Benjamin Disraeli)

---

## 4. 신중하게 들어가고, 재빠르게 나온다

이 명언을 기억하라.

"발을 들이는 것이 발을 빼는 것보다 쉽다."[11]

네드 데이비스의 저서 『옳을 것인가, 돈을 벌 것인가Being Right or Making Money』에 따르면 1929~1998년 다우존스 산업평균지수 데이터를 분석한 결과, 하락장의 투자 손실 대부분은 하락장이 거의 끝나가는 마지막 3분의 1 구간에서 발생했다.[12]

이는 빠른 손절은 어렵지만 매우 합리적인 선택임을 시사한다. 주식을 처분하면 일단 걱정이 사라지고 상황을 더 객관적으로 판단할 수 있게 된다. 마치 감기에 걸렸을 때 코 막힘 완화 약을 복용하는 것과 같다.

초기에는 작은 포지션으로 시작하고 장기적으로 분할 매수(적립식 매수Dollar-Cost Averaging)하면 결국 주가가 하락했을 때를 대비해 자금을 충분히 확보할 수 있다(상승할 수도 있지만, 하락한다고 가정한다면 말이다).

"승자와 패자의 차이는 무엇인가? 답은 간단하다. 승자는 작은 실수를 하지만 패자는 큰 실수를 한다."[13]

## 5. '아이디어가 좋은 것'과 '돈을 버는 것'은 다르다는 점을 기억한다

내가 옳다고 확신하더라도 이 말을 기억하라. **"아이디어도 때가 있다."** 투자에 성공하려면 장소와 시기가 맞아야 한다. 결국 운이 좋아야 한다.

대표적인 예로, 프레디 레이커 경 Sir Freddie Laker이 1966년 설립한 레이커 항공Laker Airways을 들 수 있다. 1977년, 그는 세계 최초로 저가 항공 개념을 도입해 런던 개트윅 국제공항London Gatwick Airport과 뉴욕 존 F. 케네디 국제공항John F. Kennedy Airport을 오가는 저가 항공편을 개설했다.

경기 침체, 고유가, 환율 변동, 그리고 단지 시대를 앞서갔다는 이유로 레이커 항공은 1982년 파산했다. 반면, 오늘날에는 유럽 유명 항공사인 라이언에어Ryanair와 이지젯Easyjet 등 수많은 항공사가 저가 항공편을 성공적으로 운영하고 있다.

## 6. 반대 의견을 찾아본다

돈을 잃고 있을 때 자신이 틀렸다는 말을 듣고 싶은 사람은 없다. 그럴 때는 마음을 편안하게 해줄 한마디가 필요하다. 이는 건강에 아무 이상이 없다는 말이 듣고 싶어서 의사를 찾아가는 것과 같다.

그러나 반대 의견을 가진 사람과 반드시 대화를 나눠봐야 한다. 이상적인 방법은 대화하기 전 주식을 전량 매도하는 것이다. 그러면 투자 종목에 대한 감정적 애착과 소유 편향이 사라진다. 그 후에는 언제든지 다시 사면 된다.

오늘 알고 있는 정보를 바탕으로 그 종목에 투자하지 않겠다면 그 투자는 이미 실패했다고 인정해야 한다. 만약 아직 매도하지 않았다면, 지금 당장 매도하라.

## 7. 겸손하게 행동한다

여느 전문 투자자들처럼 토끼들은 매우 똑똑했다. 상당수가 MBA, CFA 등 자격증을 보유하고 있어 다른 일반 투자자들보다 분석력이 뛰어난 것은 분명했다. 토끼들은 자신감과 카리스마가 넘쳤고, 절대 "모르겠다"고 하지 않았다.

그러나 이는 매우 위험한 사고방식이다. 첫째, 시장에는 전문 지식을 갖춘 투자자가 많음에도 불구하고 자신만큼 뛰어난 전문가는 없다고 치부해버린다. 둘째, '더 많이 안다'고 생각해 전체를 파악하지 못한다.

역사적으로 이를 입증하는 사례가 많다. 내가 가장 좋아하는 예시 중 하나는 1927년 워너 브라더스Warner Bros.의 해리 워너Harry Warner가 "배우가 말하는 걸 누가 듣고 싶어 하겠는가?"라고 말한 것이고, 또 다른 하나는 1943년 IBM 회장 토머스 왓슨Thomas Watson이 "컴퓨터는 전 세계에서 다섯 대 정도 팔릴 것"이라고 말한 것이다.

놀랍게도 전문가는 예측을 잘 못한다. 자신이 만들어낸 허상에 스스로 속아 넘어가 세상에서 가장 멍청한 사람조차 하지 않을 실수를 저지르기도 한다. 워런 버핏은 롱텀 캐피털 매니지먼트Long-Term Capital Management의 몰락을 언급하며 "평균 IQ 170인 엘리트 10명에서 15명이 모여 실패하면 파산할 수도 있는 포지션에 직접 발을 들인 것"에[14] 놀라워했다.

그리고 대중은 놀랍도록 현명하다. 시장 구성원 개개인이 틀리더라도 시장 전체는 옳을 수 있다.

1987년 잭 트레이너Jack Treynor는[15] 학생 56명에게 젤리빈이 가득 담긴 병을 보여준 후 간단한 질문을 던졌다. 병 안에 든 젤리빈은 모두 몇 개일까? 병에는 젤리빈이 850개 들어 있었지만 단 한 명도 맞히지 못했다. 이것은 그리 놀랄 일이 아니다. 더 놀라운 점은 학생들의 추측이 모두 달랐음에도 불구하고 그 오답의 평균이 실제 정답인 850에서 단 2.5%밖에 차이가 나지 않았다는 것이다. 오직 한 학생만이 평균보다 실제 수치에 더 가까운 추측을 했다.

2007년 콜롬비아 경영대학원생 73명을 대상으로 한 마이클 모부신Michael Mauboussin의 실험에서도 결과는 같았다. 병 안에는 젤리빈이 1,116개 들어 있었고, 250에서 4,100까지 답변은 다양했다. 이 '틀린' 답변의 평균은 1,151로 정답과 3%밖에 차이가 나지 않았고, 오직 두 학생의 추측 값이 평균보다 실제 수치에 가까웠다.

"내가 맞고 시장은 틀렸어"라며 테이블을 두드리며 소리 치기 전에 이 점을 기억하라. 나의 연구에 따르면, 평균적으로 훌륭한 투자 아이디어의 49%만이 수익을 올렸다. 이 사실이 두렵지 않다면, 다음 연구 결과를 참고해보자. 펀드 매니저들에게 12개월 동안 상승이 예측되는 종목을 선택하라고 했을 때 100% 자신 있다고 답한 사람들의 승률은 오히려 낮았다. 그들의 정답률은 겨우 12%였다.[16] 그러므로 당신의 아이디어가 틀릴 수 있다는 점을 염두에 두고 투자해야 한다.

## 8. 말은 아끼고 조용히 움직인다

　다른 사람과 투자에 대해 이야기할 땐 신중해야 한다. 어떤 사람은 자신이 매수한 종목을 거의 종교처럼 믿고 그 의견을 최대한 많은 이들과 공유하려 한다. 그러나 나중에 생각이 바뀌어 그 종목에서 손을 떼기라도 하면 어리석어 보일 것이다. 이는 불필요한 방해 요인이다. 만약 토끼들이 예상 수익을 자랑하지 않았다면, 아마 그 종목을 붙들고 있을 확률은 더 낮았을지도 모른다.

---

"예언은 가장 쓸모없는 실수이다."

-조지 엘리엇(George Eliot), 『미들마치(Middlemarch)』 중에서

---

### 재귀성: 미래는 왜 무조건 불확실한가

　조지 소로스의 재귀성 이론에 따르면, 시장은 미래 가치를 정확히 반영할 수 없다고 한다. 그 이유는 시장이 미래 가치를 형성하는 데 기여하기 때문이다.

　재귀성은 일종의 상호 피드백 메커니즘으로, 현실이 시장 참여자들의 사고를 형성하고, 그들의 사고가 다시 현실에 영향을 미치는 끝없는 과정을 의미한다. 따라서 우리는 시장에 대해 너무 독단적으로 사고해서는 안 된다.

## 9. 주가 하락 위험을 과소평가하지 말고, 대비한다

토끼들 사이에서는 급등 예상주가 인기가 많았다. 일이 잘 풀리기만 하면 큰 이익을 가져올 수 있는 종목이기에 그 주식을 빨리 매수하고 싶은 것은 당연했다.

하지만 주식은 이미 지불한 프리미엄만큼만 손실이 제한되는 옵션 상품과 달리 막대한 손실이 발생할 수 있다. 막대한 수익 가능성에 눈이 멀면 손실 가능성이 잘 안 보이지만, 그 위험은 여전히 존재한다.

이때 해결책은 간단하다. 마치 옵션 계약처럼 주식에 투자하는 것이다. 옵션 계약이 결국 손실로 끝나더라도 최대 손실액은 일시금(프리미엄)으로 한정되듯, 주식 투자 역시 감수할 수 있는 손실 범위 내에서만 이루어져야 한다. 그러면 주식이 '급등'하는 대신 '급락'하더라도 치명적인 손실을 피할 수 있다.

## 10. 마음을 열고 다른 의견에도 귀를 기울인다

가장 안 좋은 스토리를 가진 주식이 가장 높은 수익률을 기록한다는 연구 결과가 많다. 달리 말해, 악재로 인해 주가가 하락한, 아무도 선호하지 않는 싸구려 주식에 투자하면 시간이 지남에 따른 큰 수익을 낼 수 있다는 것이다. 이를 '가치 투자Value Investing'라고 한다.

'자석주Magnet Stocks'(혹은 '매력주Glamour Stocks')를 피하라고 권하지는 않겠지만, 그 외에도 다양한 종목과 스토리가 많다는 것을 기억하라.

## 11. 변명은 이제 멈춘다

수년간 토끼들은 자신이 틀린 이유를 아주 그럴듯하게 설명해주었다. 그들의 설명을 듣고 있으면 흥미로웠다.

물론 자신이 틀렸다고 인정하는 사람은 드물다. 특히 상사에게 보고하면서 실패의 원인을 설명해야 할 때는 더욱 그렇다. 성과가 없는 이유를 설명하기 위해 날이 갈수록 더 기발한 변명거리를 지어내는 대신, 흔히 사용되는 변명을 숙지하고 그 반대로 행동하는 것이 중요하다. 타인과 자신을 속여 같은 실수를 반복하며 시간을 허비하지 말자.

내가 7년간 들었던 변명들을 정리했다.


A) '만약 그랬더라면' 방어

B) '그것만 아니었다면' 방어

C) '조금만 더 기다려보면' 방어

D) '내가 투자한 그때 XYZ가 발생할 줄 어느 누가 예상할 수 있었을까' 방어


피터 린치는 저서 『월가의 영웅 One Up on Wall Street』에서 주가 관련 가장 어리석은 (그리고 가장 위험한) 발언 열두 가지를 소개했다. 그중 몇 가지를 여기에 추가한다.


E) 이미 이만큼 하락했으니 더는 하락할 수 없다.

F) 주가의 바닥을 알 수 있다.

G) 결국 주가는 회복된다.

H) 조금 반등할 때 매도할 것이다.

이러한 변명들을 알아두면 매우 유용하다. 손실이 나고 있을 때 체크해보자. 자신이 손절하지 않는 이유를 정당화하기 위해 이런 변명들을 하고 있지는 않은가?

## 12. 전문가를 의심한다

마지막으로, 투자 업계에서 일하든 아니면 전문가에게 투자를 의뢰할 계획이든 토끼들의 이야기에서 중요한 교훈을 얻을 수 있다. 바로, 투자 전문가가 학력이 높고 경험이 많다고 해서 반드시 큰 수익을 안겨주고 중요한 상황에서 현명한 결정을 내릴 것이라는 가정은 위험하다는 점이다.

## 자금을 잃지 않는 것이 중요하다

토끼들이 하락 종목을 붙들고 있었던 이유 중 하나는 예측 불가능한 미래에 대한 두려움 때문이었다. 그들은 매도 후 주가가 반등하면 돈 벌 기회를 놓칠까 봐 두려웠다. 손절의 아픔과 반등 기회를 놓치는 이중 타격을 걱정하는 것보다 현재의 손실을 고수하는 편이 낫다고 생각한 것이다. 이는 **모호성 회피**Ambiguity Aversion로, 가상의 대안이 더 나쁠지도 모른다는 이유만으로 불확실한 상황을 그대로 두고 참는 행위를 말한다. 즉, 변화나 불확실성보다는 이미 알고 있는 위험이 낫다고 생각하는 것이다.

그렇더라도 손실 종목을 방치하는 행위는 정당화될 수 없다. 오히려 토끼들은 자신이 모호성 회피에 빠져 있음을 인식하고 무작정 버티는 태도를 버려야 했다. 다음은 모호성 회피가 얼마나 잘못된 행동인지를 보여주는 사례들이다.

## 사례 연구: 타이탄 유럽

타이탄 유럽Titan Europe은 농업, 건설, 광산 업계에서 사용되는 비도로용 운송 수단의 바퀴와 하부부품을 설계 및 제작하는 엔지니어링 회사이다. 미국, 브라질, 중국, 일본 등에 공장과 유통 센터를 두고 있다. 2008년 12월 5일, 토끼 D가 타이탄 유럽 주식을 매도한 후 주가는 놀랍게도 307% 상승했다. 투자자라면 누구라도 이런 결과에 화가 나겠지만, 그게 핵심은 아니다.

토끼 D는 매도 전까지 해당 주식을 2년간 보유하면서 95% 손실을 보았고, 계속 가지고 있었더라도 82% 손실을 보았을 것이다. 손실을 만회할 유일한 방법은 손실이 95%일 때 다른 종목을 모두 매도해 손실을 회복할 수 있을 정도로 평균 매입 단가를 낮추는 것이었다. 그러나 이 전략의 문제는 마치 카지노에서 전 재산을 블랙에 베팅하는 것과 같다. 결과는 성공하거나 실패하거나, 모 아니면 도다.

---

돈을 벌기 위해서는 돈이 필요하다. 즉, 수익을 극대화하려면 손실을 **반드시** 최소화해야 한다. 자금을 지켜내는 게 중요하다. 손실이 발생했을 때 상황을 개선하려면 이후 등장할 암살자Assassins와 사냥꾼Hunters처럼 적극적으로 대응해야 한다. 영구적 자금 손실은 투자를 망친다.

---

**데이터 탐구**

**투자 실패**

손실 투자 946건을 분석한 결과, 80% 이상 손실이 난 투자는 전체의 2%인 19건에 불과했다. 40% 이상 손실이 난 투자는 14%인 131건이었다. 내가 고용한 펀드 매니저 대다수가 대규모 자금 손실의 위험성을 충분히 인식하고 있었다는 의미이다.

투자에 영원히 실패하는 방법은 간단하다. 바로 한두 개의 손실 종목을 방치하는 것이다.

---

큰 손실이 날 경우 익절은커녕 본전이라도 찾으려면 주가가 엄청난 폭으로 반등해야 한다. 이를 잘 보여주는 토끼의 마지막 사례를 살펴보자.

너무나 중요해서 마지막에 소개하려고 아껴둔 이야기가 있다. 뜨거운 음료를 들고 있다면 내려놓고 이 이야기를 읽는 편이 좋겠다.

2007년 9월 28일, 토끼 E는 케이프Cape 주식을 주당 2.79파운드에 매수했다. 케이프는 산업 현장 청소부터 페인트칠, 코팅에 이르기까지 에너지 및 천연자원 분야 필수 서비스를 제공하는 세계 선두 기업으로, 유럽, 아프리카, 아시아 전역에 사업장을 운영하고 있었다.

그런데 불행히도 토끼 E에게 2008년 글로벌 금융 위기라는 블랙스완이 찾아왔다. 대차대조표상 부채가 있던 경기민감 기업들은 하나둘 매각되었다. 시가총액이 낮은 케이프는 투자자들이 빠져나가며 어려움을 겪었고, 유동성 부족으로 상황은 악화되었다.

결국 토끼 E는 2009년 3월 10일, 주당 0.18파운드에 해당 주식을 매도하며 94%의 손실을 입었다.

이 사례에서 가장 놀라운 것은 손실 규모가 아니다. 세계 경제 회복이 확실해지자 케이프 주가가 1,129%나 올랐다는 드라마틱한 이야기도 아니다. 가장 충격적인 것은, 토끼 E가 케이프 주식을 팔지 않고 반등의 기쁨을 누렸더라도 결국 여전히 32% 손실을 봤을 거라는 사실이다!

안타깝게도, 주식시장에서 큰 수익을 얻는 경우는 드물다. 설령 인내심을 발휘해 너무 일찍 매도하지 않더라도 상황은 크게 달라지지 않는다. 그러나 손실이 큰 종목을 붙들고 아무것도 하지 않으면, 스스로 빠져나올 수 없는 깊은 구멍을 만드는 것과 같다. 그러면 영구적인 투자 실패를 사실상 확정하는 셈이다.

심지어 최고의 투자자들도 종종 간과하는 사실이 있다. 주가가 90% 하락할 동안 바보처럼 아무것도 하지 않으면 원금 회복을 위해서는 무려 900%라는 초자연적인 상승률이 필요하다. 주가가 50% 하락한 후 본전을 찾으려면 100% 상승해야 한다.

내가 고용한 펀드 매니저 대부분은 대규모 손실의 위험성을 분명히 알고 있었고, 돌이킬 수 없는 피해가 발생하기 전에 대응했다. 그 덕분에 큰 손실을 본 종목은 거의 없었으며 전반적으로 영구적 자금 손실을 피할 수 있었다. 그 방법은 다음 장들에서 다룰 것이다.

---

### 데이터 탐구

## '본전 찾기'여, 안녕

토끼들이 큰 손실을 본 종목을 계속 보유한 결과 원금을 회복했을지 궁금한가? 40% 이상 하락한 131개 종목 중 100% 이상 반등한 종목은 단 21개였다. 이는 6분의 1 확률에 불과하며, 결코 높지 않은 확률이다. 그리고 원금을 회복할 정도로 주가가 오른 종목은 단 하나도 없었다.

## 포커에서 얻는 교훈

우리의 결정에 가장 큰 영향을 미치는 것은 바로 '스토리'다. 토끼들은 자신만의 스토리에 이끌려 수백만 달러를 투자했고, 그 결과 큰 손실을 보았다. 매수 후에는 처음 투자를 결심하게 만든 스토리에 사로잡혀 제대로 된 판단을 내릴 수 없었다.

여기서 교훈은 자신의 스토리에 눈이 멀면 안 된다는 것이다. 무엇보다도, 손실을 보고 있을 때 어떻게 대응할지에 대한 계획이 있어야 한다. 설령 여전히 자신이 옳다고 믿더라도 말이다.

---

"계획대로 정확히 진행된 것은 아무것도 없었다.
하지만 어쨌든 겨우 도킹 모듈을 설치할 수 있었다."[17]

-우주비행사 크리스 해드필드(Chris Hadfield) 대령이
러시아 우주 정거장 미르(Mir)에 도킹 모듈을 설치하는 첫 번째 임무에 대해 언급하며

---

이 책에 등장하는 성공적인 투자자와 토끼의 주요 차이점은, 토끼는 손실을 볼 때 아무것도 하지 않았지만, 암살자와 사냥꾼은 상황을 극복하기 위해 단호하게 행동했다는 것이다.

---

"가장 강하거나 가장 지능이 높은 종이 생존하는 것이 아니라,
변화에 가장 빠르게 반응하는 종이 생존한다."

-찰스 다윈(Charles Darwin)

---

토끼들이 포커를 쳤다면 어땠을까. 포커 플레이어에게 가장 중요한 것은 얼마나 많은 게임에서 이겼느냐가 아니라, 이겼을 때 얼마나 벌고 졌을 때 얼마를 잃었느냐이다.

포커 게임에서 주어지는 패는 하나의 스토리를 의미하며, 포커 플레이어의 목표는 그 스토리가 좋든 나쁘든 상관없이 돈을 버는 것이다. 스토리가 빈약하다면, 그 패를 고수하는 대신 과감히 접어야 한다. 승산이 없기 때문이다. 게임을 접어 손실을 줄이고, 다음 기회를 기다려야 한다. 반대로, 패가 잘 들어왔더라도 플롭Flop이 생각보다 별로면 과감히 접어야 한다.

억만장자 투자자 짐 로저스Jim Rogers는 이렇게 말했다. "가장 기본적인 조언은 돈을 잃지 말라는 것이다."[18] 이 말은 반드시 새겨들어야 한다.

# 2장

# 암살자

## 손절 기술자

## 절대 돈을 잃지 마라

워런 버핏의 투자 성공 원칙은 유명하다.

"원칙 1, 절대 돈을 잃지 말 것. 원칙 2, 원칙 1을 절대 잊지 말 것."

암살자들은 나와 일하는 동안 이 원칙을 철저히 지켰다. 자금을 지키기 위해 손실 종목을 매도할 때는 마치 감정 없는 청부살인자가 방아쇠를 당기듯 거침없이 실행했다. 그리고 아무 일도 없었다는 듯 일상으로 돌아갔다.

여러분은 어떨지 모르지만, 나는 손실이 확정되면 마음을 가라앉히기가 쉽지 않았다. 실수를 되뇌고 스스로를 비난하며 뭉크의 작품 '절규' 같은 표정을 지었다. 그리고 매도 후에도 주가를 계속 확인했다.

나는 암살자들이 정확히 알고 있던 핵심을 놓치고 있었다. 손실 종목을 계좌에 남겨두면 결국 투자를 망칠 뿐이다. 1장에서 보았듯 손실이 큰 종목은 전체 투자의 수익률을 끌어내린다. 따라서 최대한 빨리 정리하고 마음을 가볍게 해야 한다.

만약 1장을 읽고도 생각에 변화가 없다면 다음 표를 보고 다시 생각해보자.

손실률별 원금 회복에 필요한 수익률

| 손실률 | 원금 회복에 필요한 수익률 |
|---|---|
| -10% | 11% |
| -20% | 25% |
| -33% | 50% |
| -50% | 100% |
| -75% | 300% |
| -90% | 900% |

몇몇 유명한 펀드 매니저는 손실 종목을 다룰 때 암살자처럼 접근한다. 전설의 헤지 펀드 매니저인 스탠리 드러켄밀러Stanley Druckenmiller는 동료이자 또 다른 전설의 헤지 펀드 매니저인 조지 소로스에 대해 이렇게 묘사했다.

"그는 내가 본 사람 중 손실을 가장 잘 받아들였다. 돈을 잃든 벌든 개의치 않는다. 손실이 나도 다른 종목에서 수익을 낼 능력이 있다고 자신하기 때문에 쉽게 손절할 수 있다는 것이다."[19]

조지 소로스와 같은 암살자는 투자 성공의 핵심이 비대칭 투자에 있음을 알고 있었다. 즉, 투자에 성공하려면 손실의 위험은 상대적으로 작고, 수익의 잠재력은 매우 큰 투자를 해야 한다.

실제로 우리는 암살자만큼 냉정하고 가차 없이 행동할 수 있다.

암살자의 강점은 신성한 두 가지 규칙을 따랐다는 점이다. 이 규칙들은 자신의 경험과 믿음에서 비롯되었으며, 투자에 성공하려면 손실이 발생했을 때 감정에 휘둘리지 않고 정해진 규칙을 따르는 것이 중요하다.

암살자들은 시장이 자신의 의지와 반대로 움직여 모든 것이 불확실할 때 올바른 선택을 하려면 자기 자신을 믿으면 안 된다는 것을 알고 있었다. 그래서 손실이 발생하면 자신이 정한 규칙을 그대로 따르기로 했다.

여기서 중요한 점은 암살자가 감정적으로 '냉철한 상태'일 때 충분히 고민해 그 규칙을 정했다는 것이다. 매수하기 훨씬 전부터 계획을 세웠는데, 이후 상황이 악화되어 머리가 '뜨거워'지면 (혹은 감정이 고조되면) 잘못된 결정을 내릴 가능성이 높다는 사실을 알았기 때문이다.

손자孫子의 옛 격언 중에 "승패는 전투 전에 이미 정해져 있다"는 말이 있다.

이제 손실 상황일 때 암살자들이 따르는 두 가지 행동 규칙을 살펴보자. 데이터를 통해 이 규칙들이 왜 합리적인지 분석하고, 사례를 통해 암살자들이 실제로 이를 어떻게 적용했는지 알아보자.

## 암살자의 규칙

### 1. 20~33% 손실 종목은 매도한다

암살자의 핵심 비결 중 하나는 실제로 청부살인자가 되기 매우 어렵다는 사실을 아는 것이었다. 손절해야 할 순간이 오면 대부분 더 기다리고 싶은 욕구가 강해진다. 그래서 그들은 스스로 방아쇠를 당길 수 있다고 자신하지 않았다. 대신 간단하지만 정교한 장치를 이용해 정확한 시간에 방아쇠가 자동으로 작동하도록 했고, 그 결과 목표물을 제거할 수 있었다. 이 장치가 바로 스톱로스Stop-Loss다.

암살자는 규칙에 따라 어떤 주식이든 매수하자마자 스톱로스를 걸어두었다. 주가가 일정 수준 하락하면 스톱로스가 작동해 보유 주식 전체가 자동으로 매도되는 식이다.

스톱로스는 트레이딩에서 흔히 사용되지만, 투자에는 그렇게 많이 쓰이지 않는다(암살자 중 일부가 헤지 펀드 매니저라는 사실은 우연이 아니다). 대신 대부분 투자자는 '알림' 기능을 이용한다. 주가가 설정한 하락률에 도달하면 투자자가 스스로 대응할 수 있도록 알려주기 때문에 이론상으로는 괜찮은 기능처럼 보인다. 이것은 마치 냉장고 문이 열려 있을 때 울리는 알람과 같다. 그러나 문제는 펀드 매니저가 문을 닫지 않는 경우가 너무 많다는 것이다. 알림 기능은 실제로 통제하지 않으면서도 통제하고 있다는 환상을 심어준다. 이 점에서 스톱로스가 훨씬 효과적이다.

그렇다면 스톱로스를 몇 퍼센트로 설정해야 할까? 누버거 버먼 Neuberger Berman의 공동창립자이자 전설적인 투자자, 미술품 수집가이기도 한 로이 누버거Roy Neuberger는 '10%의 법칙'이 자신의 성공 이유 중 하나라고 말한다. 그는 늘 주식이 10% 하락하면 즉시 매도했다.[20] **실수는 빨리 깨닫고 즉시 대처한다**는 신조를 따르고 있다.

암살자들도 비슷한 방식을 따랐지만 개인의 경험과 선호에 따라 하락률을 조금씩 다르게 설정했다. 대개 20~33% 사이였다. 내 연구에 따르면, 누버거보다 암살자들이 설정한 수치가 더 효과적이었다. 20~33% 정도면 **휩소**Whipsaw, 가격이 급등과 급락을 반복하면서 투자자들이 손실을 입는 상황–편집자 주에 휘둘리지 않으면서 현실적으로 손실을 회복할 수 있는 수준이다.

---

**데이터 탐구**

### 33% 손실

33% 손실이 발생한 경우 원금을 회복하려면 주가는 50% 상승해야 한다. 연구 결과, 내가 고용한 펀드 매니저들의 수익 종목 전체에서 수익률 50% 이상을 기록한 종목은 11%(총 101개)에 불과했다. 수익률이 100% 이상인 종목은 전체 종목의 1%인 21개였다.

큰 수익을 올린 종목이 적은 이유는 목표가가 낮기도 하고 수익을 빠르게 실현하려는 습관 탓도 있다(4장 참조). 실제로 수백 또는 수천 퍼센트 상승하는 주식이 많아도 상승할 때 계속 들고 있는 투자자는 거의 없다. 대부분은 일단 작게라도 수익이 나면 매도하기 때문에 결국 큰 수익을 놓치게 된다.

---

"시스템이 성공하려면 패자를 빠르게 인식하고
재빨리 제거할 수 있어야 한다."[21]

–제임스 서로위키(James Surowiecki)

---

투자의 기술

암살자가 스톱로스 기능을 활용한 사례를 살펴보자.

## 사례 연구: 젠맵

젠맵Genmab은 암환자용 항체 치료제를 전문으로 하는 덴마크 바이오테크 업체로, 코펜하겐에 본사가 있다. 글락소스미스클라인Glaxosmithkline과 동시 개발 중인 오파투무맙Ofatumumab 제품은 현재 3상 임상 시험이 진행 중이다. 이 마지막 단계를 통과할 경우 백혈병, 비호지킨 림프종, 류머티즘 관절염 치료에 혁신을 가져올 것으로 기대된다. 오파투무맙의 효과와 안전성이 성공적으로 입증된다면 젠맵은 큰 수익을 기대할 수 있다.

그러나 공교롭게도 주가의 움직임은 그리 좋지 못했다. 암살자 A가 해당 주식을 매수한 2주 뒤 주가는 30%까지 하락했다. 그리고 -32%에 스톱로스가 작동해 2009년 11월 16일, 주당 12.43파운드에 주식이 전량 매도됐다. 2009년 10월 29일, 한때 주가가 18.34파운드까지 반등했으나 이후 49% 더 하락했기 때문에 결과적으로 보면 훌륭한 선택이었다.

30% 손실을 본 것은 아쉽지만, 그가 매도하지 않았다면 65% 손실을 보았을 것이고, 원금을 회복하려면 주가가 286% 상승해야 했다. 시장의 연평균 수익률을 8%로 가정하면 원금 회복까지 14년이 걸린다. 하지만 주가가 32% 하락했을 때 팔았기 때문에 같은 방법

으로 계산하면 5년 뒤에 원금을 회복할 가능성이 있었다.

## 사례 연구: 도즈

도즈Dods는 정치 및 공공 부문과 관련된 정보 제공, 이벤트 기획, 출판 서비스를 전문으로 하는 미디어 회사로, 정치 관련 데이터를 얻을 때 가장 신뢰할 수 있는 업체로 손꼽힌다.

영국에서는 『Dods Parliamentary Companion』, 『Dods Handbook Of House Of Commons Procedure』와 같은 출판물을 의회 의원들과 이들을 지원하는 공무원들에게 제공하고 있다. 유럽에서는 의회 의원들에게 데이터를 제공한다.

도즈는 영국 의회 기록물을 무려 1832년부터 수집해왔기 때문에 다른 회사들이 도즈와 경쟁하기는 쉽지 않다. 또한, 최신 속보를 보도하고 수준 높은 분석력을 갖춘 전속 기자단도 운영하고 있다.

이런 배경을 고려할 때 도즈는 확실히 안전한 투자처로 보인다. 잘못될 일이 있을까?

2006년 12월 29일, 암살자 B는 도즈 주식을 주당 0.51파운드에 매수했다. 그리고 10개월 후인 2007년 10월 31일 39%에 스톱로스가 작동해 주식은 주당 0.31파운드에 전량 매도됐다. 39% 손실은 받아들이기 힘들었지만, 이후 주가는 63% 더 하락했다. 만약 그때 팔지 않았다면 무려 435% 상승해야지만 원금 회복이 가능했을 것이다. 시장 연평균 수익률을 8%로 계산하면 원금 회복까지 20년이 걸린다.

투자의 세계에서 안전한 베팅이란 없다. 투자한 회사가 천하무적처럼 보여도 일이 잘못되었을 때를 대비해 미리 계획을 세워둬야 한다. 주가는 한 치 앞을 모른다.

---

## 사례 연구: 스코틀랜드왕립은행

2008년 글로벌 금융 위기 이후 은행 업계에서 벌어진 일들을 생각해 보면, 사례 연구에 은행주가 등장하는 게 놀랄 일은 아니다. 스코틀랜드왕립은행Royal Bank of Scotland은 영국은행Bank of England을 제외하고 영국 지폐를 발행할 수 있는 3대 은행 중 하나로, 영국의 주요 은행이다.

안타깝게도 현재 스코틀랜드왕립은행은 영국 정부의 구제를 받아야 했던 신용 경색Credit Crunch의 대명사가 되어, 많은 영국인들에게 분노의 대상이 되었다. 망하게 두기엔 은행 규모가 너무 컸기 때문이다.

현재 영국 정부는 발행된 주식의 82%를 보유하고 있으며, 스코틀랜드왕립은행의 붕괴를 막으려면 자본 재편에 나설 수밖에 없다. 암살자 C는 리먼 브라더스Lehman Brothers가 파산하고 신용 경색이 본격화되기 전인 2008년 5월 30일, 스코틀랜드왕립은행 주식을 주당 22.29 파운드에 매수했다. 글로벌 금융 위기가 터지자 그는 스톱로스가 작동하기 훨씬 전인 2008년 10월 3일, 주당 18.62파운드로 16% 손실을 보고 주식을 전량 매도했다. 이후 주가는 82% 더 하락했다.

만약 팔지 않았다면 원금 회복까지는 주가가 667% 상승해야 했고, 시장 연평균 수익률을 고려하면 25년이 걸린다. 그러나 16%의 손실을 감수하고 매도했기 때문에 시장 연평균 수익률로 계산해보면 2년 안에 손실을 회복할 수 있었다.

---

흥미로운 사실은 트레이더와 달리 투자자는 좀처럼 스톱로스 기능을 사용하지 않는다는 것이다. 실제로 스톱로스가 너무 단순한 기능이라며 못마땅해하는 투자자가 많다. 아무 생각 없이 기계적으로 매도하는 대신 유연하게 대응하고 싶기 때문이다.

이들은 스톱로스가 얼마나 훌륭한 기능인지 모르고 있다. 스톱로스는 행동이 필요할 때 그 행동을 강제로 실행하게 만든다는 점에서 매우 유용하다.

## 데이터 탐구

### 손절이 낫다

내가 고용한 투자자들의 손실 종목 946개 중 557개(59%)는 매도 후 주가가 상승했다. 다시 말하면, 41%(389개 종목)는 주가가 계속해서 하락했다. 손실 종목 10개 중 6개의 주가가 매도 후 상승했으니, 손실 종목을 계속 붙들고 있어야 한다는 말로 들릴 수 있다. 그러나 557개 종목 중 205개

(37%)는 주가가 20% 미만으로 상승했고, 이것으로 손실을 회복하기에는 턱없이 부족했다. 결과적으로 전체 손실 종목의 63%인 594(205+389)개는 매도 후 20% 미만 상승하거나 하락했으며, 이들 대부분은 하락했다. 반면, 손실 종목의 37%인 352(946-594)개만이 매도 후 20% 이상 상승했다.

따라서 이럴 땐 손절하는 게 더 나은 선택이다. 투자자들은 수익을 낸 주식은 너무 빨리 팔고, 손실을 본 주식은 오랫동안 보유하려는 경향이 있기 때문이다(이와 관련한 내용은 책의 후반부에서 다룰 것이다). 물론 반등하는 손실 종목을 계속 보유했다면 20%보다 더 큰 수익을 올렸을 수도 있다. 그러나 인간의 습성상 크게 상승하는 종목을 계속 갖고 있기란 실제로 매우 어렵다.

전설의 억만장자 투자자인 폴 튜더 존스 2세는 이렇게 말했다.

"패자는 패자 종목을 물타기 한다. 그냥 팔아라."

분명 일리 있는 말이다.

## 2. 정해진 기간이 지나면 손절한다

"시간은 금이다." 두 번째 규칙을 뒷받침하는 근거는 이 격언 한마디로 충분하다.

손실 종목을 너무 오래 갖고 있으면 20% 이상 손실을 보지 않더라도 투자에 치명적일 수 있다. 암살자들은 이 점을 잘 알고 있다. 왜일까? 여러 연구에 따르면, 주식의 장기 수익률은 연 7~9%에 달한다. 투자 수익률이 연 9%라면 8년 뒤에는 원금이 두 배가 된다.

주택담보대출을 받고, 이를 상환하기 위해 주식시장에 목돈을 투자한다고 가정해보자. 매년 주식으로 9% 투자 수익을 얻으면 8년 안에 주택담보대출금을 상환할 수 있으리라 생각할 수 있다.

하지만 현실에서는 상황이 그렇게 순조롭게 흘러가지 않는다. 현실이라면, 투자 2년째 말에는 초기 투자금의 10%가 감소할 것이다. 물론 그 정도면 나쁘지 않다고 생각할 수 있다. 손실이 확정되지 않은 상태에서 겨우 10%라면 대출 만기까지 아직 6년이나 남았으니 말이다.

불행히도 10%의 작은 손실도 타격이 클 수 있다. 원금을 두 배로 불려 6년 뒤에 대출금을 상환하려면 매년 14.2%의 수익을 올려야 한다. 이는 주식시장의 장기 평균 수익률보다 훨씬 높은 수치다.

그럼에도 당신은 투자를 계속하기로 결정한다. 최근 2년간 수익률이 평균보다 낮았으므로 앞으로 몇 년 동안은 장기 평균 수익률을 넘어서리라 믿는다.

그 후 2년 동안 더 이상 손실은 입지 않았지만, 수익도 얻지 못했다. 계좌에 남은 돈은 제자리걸음이었고, 4년간 총 수익률은 -10%였다(인플레이션과 그로 인한 화폐 가치 하락은 논하지 않겠다). 이쯤 되면 주가가 오를 타이밍이니 매도하면 안 된다고 생각한다. 10%밖에 하락하지 않았기 때문에 남은 4년 동안 손실을 만회하고 원래 계획대로 대출금을 갚을 수 있을 거라 판단한다.

슬프게도 4년 뒤에 대출금을 갚으려면 주가가 매년 22.1%나 상승해야 한다는 사실을 당신은 인지하지 못한다. 이는 주식시장의 장기 평균 수익률의 세 배에 해당하는 수치다. 행운을 빈다.

따라서 암살자의 두 번째 규칙은 일정 수준 하락 후 일정 기간이 지났음에도 회복할 기미가 보이지 않는 주식은 손절하는 것이다.

대다수는 이 기간을 6개월로 잡았지만, 약간의 차이는 있다.

---

**데이터 탐구**

## 전문가는 빠르게 손절한다

분석 결과, 손실 종목의 64%(607개)는 최초 매수 후 6개월 이내에 매도 되었고, 42%(397개)는 3개월 이내에 매도되었다. 1년 이상 보유한 종목 은 17%(157개)에 불과했다. 실제로 손실 종목의 99%는 3년 안에 매도되 었으며, 정확히 말하면 손실 종목 중 겨우 12개만 3년 넘게 보유했다.

전문가 대부분은 빠르게 매도한다. 일부는 분명 고객이나 상사로부터의 압 박 때문일 수 있지만, 마지못해 움직이는 암살자가 제멋대로인 토끼보다 낫다.

---

큰 손실은 빠르게, 작은 손실은 천천히 투자자를 죽인다. 다음은 특히 후자를 강조한 인용문들이다.

"최고의 성과를 내는 사람은 스스로 마감 시한을 부여한다."[22]

"시간 제한을 둬라… 손실이 몇 년간 복리로 불어나면 회복하기 매우 어렵다."[23]

19세기 초, 미국의 손꼽히는 부자였던 제시 리버모어 Jesse Livermore 는 다음과 같이 말했다.

"만약 너무 고통스럽게 느껴진다면, 빠져나와야 한다."

이것이 바로 암살자의 철학을 정확히 요약한 말이다.

## 너무 빨리 팔지는 마라

5%, 10%, 15% 손실이 발생했을 때 암살자는 손절하고 싶은 유혹에 빠질 수 있다. 실패작은 최대한 빨리 정리하고 싶을 것이다.

그러나 암살자의 규칙은 우유부단한 태도뿐 아니라 과잉 반응도 방지해준다. 너무 일찍 매도할 (손실 20% 미만일) 경우 발생할 수 있는 상황을 실제 투자 사례를 통해 살펴보자. 사례의 주인공들은 암살자가 될 뻔했으나 지나치게 의욕적이었던 탓에 결국 그룹에서 추방당했다. 수백만 달러가 오고 간 실제 사례임을 기억하자.

### 사례 연구: 컴퍼스 그룹

영국에 본사가 있는 컴퍼스 그룹Compass Group은 50개국 이상에서 운영되는 세계 최대의 식품 서비스 회사(급식 업체)이다. 공장, 학교, 병원, 대학, 주요 스포츠 경기장, 해양 석유 플랫폼 등 고객사에 연간 수십억 끼니를 제공한다. 자회사인 유레스트 서포트 서비스 Eurest Support Services는 분쟁국 등 위험 지역에서 주로 군대에 대규모 급식 서비스를 제공한다.

2007년 11월 30일, 암살자 D는 해당 주식을 주당 3.19파운드에 매수했다. 그리고 12개월 후인 2008년 12월 2일, 주당 3.04파운드에 주식을 전량 매도하며 5%의 손실을 입었다.

그러나 매도 후 해당 주식은 143% 상승했다. 시장이 반등하면서 거의 바닥에서 매도한 셈이었다. 이후 해당 주식의 수익률은 시장 수익률을 크게 상회했다.

---

BMW는 3 시리즈 세단을 대량으로 임대하는 법인 차량 담당자부터 자녀들을 SUV에 태우고 다니는 중산층 어머니들, 그리고 6, 7 시리즈 또는 Z4 로드스터를 몰고 젊음을 되찾으려는 중년 남성들까지 다양한 고객층에게 사랑받고 있다.

금융 위기 직전인 2008년 4월 11일, 암살자 E는 BMW 주식을 주당 34.95유로에 매수했다. 그리고 두 달 후인 2008년 6월 23일, 그는 주당 32.35유로에 약 7%의 손실을 보고 매도했다. 그는 금융 위기가 곧 닥쳐올 것이라 예견하고 주식을 매도한 것이 아니었다. 오히려 더 좋은 투자 아이디어가 있었기 때문이었다. 그러나 그가 매도한 이후 BMW 주가는 95% 상승했다.

---

이탈리아의 타이어 제조 기업인 피렐리Pirelli로 넘어가보자. 피렐리는 브리지스톤Bridgestone, 미쉐린Michelin, 굿이어Goodyear, 콘티넨탈Continental과 함께 세계 5대 타이어 업체로 알려져 있다. 포뮬러원의

팬이라면 피렐리가 현재 자동차 경주 대회에 타이어를 독점 공급한다는 사실을 알고 있을 것이다.

2010년 1월 22일, 암살자 F는 피렐리 주식을 주당 4.61유로에 매수했다. 그리고 한 달 후인 2월 9일, 8% 손실을 보고 주당 4.26유로에 매도했다. 투자 기간이 너무 짧은 탓에 혹시 암살자 F가 투자자에서 트레이더로 전향한 것은 아닌지 의심스러웠다. 그러나 이후 피렐리 주가는 103% 상승했다.

## 사례 연구: 라이트무브

영국에서 라이트무브Rightmove를 모르는 사람은 없다. 부동산을 임대하거나 매입하려 할 때 기본적으로 이용하는 부동산 검색 사이트로, 모든 부동산 중개인이 해당 사이트에서 매물을 광고한다. 그 결과, 라이트무브의 매출은 매년 크게 늘고 있으며, 영국 부동산 검색에 있어 구글과 같은 존재라고 할 수 있다.

2009년 11월 13일, 암살자 G는 해당 주식을 주당 5.51파운드에 매수했다. 그리고 한 달 뒤인 2009년 12월 30일, 11%의 손실을 보고 주당 4.91파운드에 매도했다. 그러나 이후 주가는 무려 202% 상승했다.

## 휩소의 고통

내가 고용한 최고의 펀드 매니저들이 수행한 1,866건의 투자 중 421건 (22%)이 10% 이하의 손실을 보았다. 이 중 249건(59%)은 매도 후 주가가 상승했다. 작은 손실에 손절하는 투자자라면 계속해서 휩소에 휘둘릴 가능성이 높다.

게다가 10% 손실은 쉽게 회복할 수 있는 수준이다. 즉, 겨우 20%에 익절하는 성향의 투자자라도 충분히 극복할 수 있는 손실 폭이다.

## 손절 이후를 조심하라

암살자의 냉철함은 손실 종목을 단호하게 처분할 때뿐만 아니라 이후 투자 종목을 결정할 때에도 중요한 역할을 한다.

마이크 탈러Mike Thaler와 에릭 존슨Eric Johnson의 연구에 따르면, 투자자는 일단 손실 종목을 정리하고 나면 더 위험한 투자에 나서는 경향이 있다고 한다. 두 사람은 이를 '본전 찾기 효과Break-even Effect'라[24] 이름 붙였다. 손실을 겪고 나면 원금을 회복할 가능성이 있는 종목이 특히 매력적으로 느껴진다.

이러한 함정에 빠지지 않도록 주의해야 한다. 많은 전문 투자자가 이와 같은 실수를 저지르는 이유는 '커리어 리스크'와 관련이 깊다. 전문 투자자들은 손실을 만회하지 못하면 해고될 위험이 있기 때문이다.

손절할 땐 두 가지를 결정해야 한다.

1. 해당 종목에 자금을 묶어두는 것이 더 이상 좋은 선택이 아니다.
2. 다른 종목에 투자하면 더 많은 수익을 기대할 수 있다(기회비용에 관한 결정).

따라서 확신이 있을 때만 다른 종목에 재투자해야 한다. 피터 린치는 이렇게 말했다.

"380번 기업의 스토리가 212번 기업보다 더 좋으면 212번 주식을 매도한다. 특히 212번 기업의 스토리가 설득력 없게 들리기 시작한다면 더욱 그렇다."[25]

피터 린치의 방법은 '여물통 속 돼지 접근법Pig-in-Trough Approach'으로도 알려져 있으며, 기존 아이디어를 새로운 투자 아이디어로 과감히 교체하는 방식이다. 그러나 대체할 투자 종목이 없다는 이유로 확신이 적은 손실 종목에 자금을 계속 묶어두어서는 안 된다. 현금으로 쥐고 있는 것도 하나의 선택지다. 무조건 수익만 좇다 보면 위험해질 수 있다. 월가에는 이런 격언이 있다.

**"황소도 돈을 벌고 곰도 돈을 벌지만, 돼지(욕심쟁이)는 도살당한다."**

투자의 기술

## 희귀한 종족

빠른 손절이 중요한데, 왜 실행하기 어려울까?

장부상 손실을 안고 사는 것보다 손실을 확정하는 편이 열 배는 더 고통스럽기 때문일 것이다. 앞서 등장한 카너먼과 트버스키가 1979년 발표한 주요 연구에 따르면, 돈을 잃을 때 느끼는 고통이 같은 금액의 돈을 얻을 때의 기쁨보다 훨씬 크다고 한다. 예를 들어, 50달러를 잃을 때의 고통이 50달러가 생겼을 때 느끼는 기쁨보다 훨씬 크다는 말이다.[26] 익절은 즐겁지만 손절은 어렵고 고통스럽다.

또한 매도 후 주가가 반등할 수 있다는 두려움 때문에 많은 투자자가 행동하지 못한다.

---

"인생과 사업에는 두 가지 중요한 죄악이 있다.
첫 번째는 생각 없이 성급하게 움직이는 것이고
두 번째는 아무것도 하지 않는 것이다."

-칼 아이칸(Carl Icahn)

---

"행동에는 위험과 대가가 따르지만
편안하게 아무것도 하지 않았을 때 생기는
장기적 위험과 대가보다는 훨씬 적다."

-존 F. 케네디(John F. Kennedy)

---

암살자들은 내가 만난 투자자 중 가장 절제된 사람들로, 그들이 돈을 벌 수 있었던 이유는 손실 종목을 일관되게 정리했기 때문이었다. 프라지니Frazzini 교수의 연구도 암살자의 방식이 효과적이라는 것을 뒷받침한다. 그의 연구에 따르면, 가장 높은 투자 수익률을 기록한 투자자들은 손실 종목을 가장 많이 매도한 사람들이었다. 반면, 손실 종목을 가장 적게 매도한 투자자들은 가장 낮은 수익률을 기록했다.[27]

수익 종목은 빠르게 매도하면서 손실 종목은 붙들고 있는 패자의 특성을 프라지니 교수는 '처분 효과Disposition Effect'라 불렀다. 나는 펀드 매니저를 새로 채용할 때마다 과거 거래 내역을 분석해 이러한 성향이 있는지 확인한다. 손실 상황에 제대로 대응할 줄 아는 투자자와만 일하고 싶기 때문이다.

큰 손실을 피하는 것의 중요성을 기억하기 위해 컴퓨터 모니터의 모서리 부분에 짧은 메모를 붙여두었다. 암살자의 스타일과는 거리가 멀긴 하다.

**패자는 손실 종목과 어울리고 승자는 수익 종목과 어울린다.**

나는 이 문장을 반복해서 되새긴다. 작은 손실을 자주 본다고 해서 훌륭한 투자자를 형편없다고 치부하지 않기 위해서다. 어떤 투자자가 몇 년 동안 손절을 반복했다고 고백한다면, 자연스레 '이 사람은 매번 틀리는 쓸모없는 사람'이라고 생각할 수 있다. 그러나 그들은 '옳은 것' 자체가 아닌 '아이디어를 실행하는 것'이 핵심임을 잘 이해하고 있다. 특히 성공하려면 손실을 빠르게 줄여야 한다는 점을 알고 있다.

이것이 바로 암살자의 투자 방식이다. 결코 나쁜 게 아니다.

이 기본적인 사실을 이해하는 데 수년이 걸렸다. 내 연구 결과가 이를 실증적으로 뒷받침한다는 것을 확인하고 나서야 빠른 손절이 투자 성공에 얼마나 중요한지 깨달았다.

# 3장

# 사냥꾼
## 손실 종목을 추격하는 자

The Hunters: Pursuing Losing Shares

이 장에서는 사냥꾼을 만나보자. 암살자와 마찬가지로 사냥꾼들이 성공한 이유는 손실 상황에서의 행동 덕분이다. 그러나 그들은 암살자처럼 손절하지 않고, 오히려 주식을 추가로 매수해 물타기를 했다. 단호하게 손실 종목을 처분하기보다 목표를 추적하며 주가가 흔들릴 때마다 더 많은 주식을 확보했다. 이후 주가가 회복될 때까지 기다렸다가 큰 이윤을 남기고 팔았다.

카지노에서는 이처럼 베팅액을 두 배로 늘리는 전략을 가리켜 '마틴게일 베팅법Martingale Approach'이라 부른다. 이 접근법은 잘못 활용하면 파산으로 이어질 수 있어 부정적으로 보는 사람도 많다.

그러나 종목을 **제대로 선별했다면** 시간이 지나면서 이기는 전략이 될 수 있다. 주가가 내려갈 때마다 더 낮은 가격에 자산을 추가 매수하게 되므로 나중에 주가가 평균 매수가를 넘기기만 하면 신고점까지 급등하지 않더라도 수익을 낼 수 있다.

강조하고 싶은 점은, 적립식 매수법을 잘 실천하는 투자자들처럼 사냥꾼들도 주가가 떨어질 때를 대비해 **미리** 추가 매수 계획을 세워두었다는 것이다. 그들은 매수 첫날부터 모든 자금을 넣지 않았다. 오히려 처음에는 소액으로만 매수하고 이후 주가가 떨어지면 추가 매수를 할 수 있도록 현금을 들고 기회를 엿보았다.

사냥꾼들이 이러한 접근 방식을 택한 핵심 이유는 그들의 '역투자' 스타일 때문이었다. 사냥꾼들은 가치 투자자였으며, 보통 다른 사람들이 매도할 때 매수함으로써 시장의 비이성적인 움직임을 기회로 활용했다.

사냥꾼의 접근법은 우리가 사고 싶은 물건을 연말 세일 때 더 저렴하게 살 수 있다고 믿고 구매를 미루는 방식과 유사하다. 그러나 투자에서는 연말 세일처럼 상점 밖에서 몇 시간씩 줄을 서거나 상품을 노리는 다른 사냥꾼들과 경쟁할 필요가 없다. 주가가 폭락하면 천천히, 조금씩 매수해나가면 된다.

## 실패는 '성공의 어머니'다

사냥꾼들은 투자 초기에 공통적으로 놀라운 경험을 했다. 운 좋게도 상당수가 경력 초기에 끔찍한 한 해를 겪었다. 그해 그들은 고객의 투자금을 크게 잃어 많은 고객이 이탈했다. 한 사냥꾼은 그 충격적인 시기가 끝나갈 무렵 자신에게 남은 고객이 겨우 한 명이었다고 말했다.

운이 좋았다고 말하는 이유는 그 과정에서 값진 교훈을 얻었기 때문이다. 이 교훈 덕분에 사냥꾼과 고객 모두 어마어마한 수익을 올릴 수 있었다.

사냥꾼들은 역투자의 위험성을 깨달았다. 언제나 대중의 흐름을 거슬러야 했기 때문이다. 그래서 그들은 다양한 방법으로 차트를 분석하고 대중의 정서를 정확히 해석하는 데 전문가가 되었다. 특히 대중의 심리가 쉽게 바뀌지 않을 때 매수하는 것은 효과가 없었다.

이로써 단지 주가가 낮다는 이유만으로 매수해서는 안 된다는 중요한 사실을 알게 됐다. 또한 자신의 판단이 틀렸음을 인정하고 손절하는 것에 대한 두려움도 줄여나갔다. 내가 본 실력 없는 가치 투자자들은 손실 상황일 때 "내가 틀렸던 건 맞는데 지금 팔기엔 주가가 너무 낮아"라며 행동을 미루곤 했다. 나쁜 역투자자는 고집스러운 토끼가 될 수 있다.

반면, 매수하려는 주식이 여전히 '지금 알고 있는 정보로도 매수할 가치가 있는가?'라는 중요한 테스트를 통과한다면, 사냥꾼들은 계획대로 주가가 하락할 때마다 보유 자금을 투입해나갔다.


## 승리를 거머쥐다

일부 사냥꾼들은 주가가 특정 하락 지점, 가령 -20%를 찍으면 추가 매수하는 것에 만족하지 않았다. 대신 '저점 잡기'라는 매우 어렵고 불가능한 과제를 즐기며 나섰다.

예상과 달리 사냥꾼들이 저점 매수에 꽤 자주 성공하는 모습을 보고 가망 없는 전략은 아니라는 생각이 들었다. 그러나 대부분 사람들은 단순히 주가가 20~33% 하락했을 때 비중을 크게 늘리는 편이 더 낫다고 생각할 것이다(2장에서 언급했듯, 데이터 분석 결과이 구간이 적극적으로 대응하기에 가장 효과적인 하락 범위였다). 다만, 어떤 합당한 이유로 특정 주식에 대한 확신이 줄어들었다면, 사냥꾼이 했던 것처럼 매도하는 것이 옳다.

주가가 바닥을 칠 때 보유 수량을 두세 배 늘리고, 주가가 회복되면 보상받는 사냥꾼들을 여러 번 보았다. 분명 아드레날린이 솟구치는 순간이었을 것이다. 단언컨대 패배 직전에 승리를 거머쥘 때보다 짜릿한 순간은 없다.

그러나 환상은 버려야 한다. 사냥꾼이 되려면 인내심과 자제력이 필요하다. 주가가 머지 않아 떨어질 수 있음을 예상하고, 그런 상황이 오더라도 흔들리지 않아야 한다. 또한 첫 매수가를 회복하지 못할 수도 있는 종목에서 수익 낼 방법을 찾아야 한다. 만약 당신이 즉각적인 만족을 추구하는 사람이라면 이 방법은 적합하지 않다.

---

"주식이 횡보할 때 기다리는 것에 익숙하다.
내 수익 대부분은 3~4년 갖고 있었던 주식에서 발생했다."

-피터 린치

---

사냥꾼의 실제 사례를 살펴보자.

아커솔루션즈Aker Solutions는 노르웨이 오슬로에 본사를 둔 석유 서비스 회사로, 유전과 가스전 건설, 유지, 운영에 필요한 상품과 서비스를 전 세계에 공급한다.

2008년 4월 14일, 사냥꾼 A는 주당 15.84유로에 해당 주식을 최초 매수했고 1년 반 후 주가는 폭락했다. 2009년 9월 28일, 시장 상황을 이용해 보유 수량을 대폭 늘려 평균 매입 단가를 7.61유로까지 낮췄다.

2010년 1월 28일, 그는 기존의 투자 근거가 더 이상 유효하지 않다고 판단해 주당 9.58유로에 주식을 전량 매도했다. 만약 아무런 대응도 하지 않았다면 40%의 손실을 입었을 것이다. 하지만 주가가 하락할 때 용기 내 물타기를 함으로써 24%의 수익을 올리고 포지션을 정리할 수 있었다. 사냥꾼 A는 패자를 승자로 바꾸는 데 성공했다.

엑스페리안Experian은 미국을 포함해 전 세계에 진출한 아일랜드 회사로, 개인 정보를 바탕으로 신용 점수를 산출하는 서비스를 제공한다. 대출 기관은 이를 활용해 신청자의 신용 구매 또는 주택담보 대출 등 승인 여부를 결정한다. 대출을 신청하고 신용 확인 후 거절당한 적이 있다면 대출 담당자가 엑스페리안이 발행한 보고서를 참고했을 가능성이 높다. 수많은 기업이 비즈니스에 있어 엑스페리안의 보고서를 신뢰한다는 점에서 이 기업의 비즈니스 모델은 상당히 안정적이라는 인상을 준다. 그렇다면 이 기업에 투자해서 손해 볼 일이 있을까?

2006년 6월 13일, 사냥꾼 B는 주당 9.02파운드에 해당 주식을 최초 매수했다. 그리고 5년 후인 2011년 9월 1일, 주당 7.06파운드에 주식을 전량 매도했다. 만약 그가 첫 매수 후 아무런 대응도 하지 않았다면 긴 시간 인내했음에도 불구하고 결국 22%의 손실을 보게 되었을 것이다. '손실 상황에서는 시간이 친구다'라는 말이 무색해지는 순간이다.

다행히 그는 주가가 하락하는 동안 물타기를 해 평균 매입 단가를 5.66파운드까지 낮췄다. 그 결과 22% 손실이 아닌 19% 수익을 실현했다. 19%는 인생을 바꿀 정도의 엄청난 수익은 아니니 중간에 매도하고 다른 주식에 투자했어야 했다고 생각할 수 있겠지만, 적극적으로 대응해 큰 변화를 일으킨 건 분명하다. 그는 패자를 승자로 변화시킨 것이다. 나는 이런 투자자와 일하고 싶다.

## 사례 연구: 테크닙

프랑스의 테크닙Technip은 석유 및 가스 분야의 프로젝트 관리, 엔지니어링, 건설을 수행하는 회사다. 해저 시추, 특수 제작 파이프라인 설치, 부유식 해상 플랫폼 제작, 유전 및 가스전 개발 계획 지원 등의 사업에서 세계 최고로 평가받고 있다.

2008년 4월 11일, 사냥꾼 C는 해당 주식을 주당 55.42유로에 최초 매수했고 2년 뒤인 2010년 5월 21일, 주당 52.13유로에 전량 매도했다.

단순히 수치로만 보면 6% 손실을 기록한 형편없는 투자였고, 그 자금으로 다른 종목에 투자하는 것이 더 나았을 수도 있다. 그러나 그는 주가 하락 외에 달라진 게 없다면 대규모로 추가 매수한다는 원칙을 고수했다. 주식이 과매도 된 2년 동안 그는 보유량을 대폭 늘렸다. 그 결과, 평균 매입 단가를 42.24유로까지 낮출 수 있었고, 결과적으로 작은 손실을 기록하는 대신 22%의 수익을 실현할 수 있었다.

---

## 사례 연구: 톰슨 로이터

톰슨 로이터Thomson Reuters는 뉴욕에 본사를 둔 다국적 미디어 기업으로, 금융 업계에 최신 콘텐츠와 데이터를 제공하는 선두 기업이다. 변호사와 회계사가 자격 유지를 위해 필요한 지속적인 전문 교육CPE 요건을 충족할 수 있도록 다양한 교육 자료와 프로그램을 제공하며, 제약 업계를 위한 연구 자료도 생산한다. 겉으로 보면 매력적인 고객층을 확보한 탄탄한 사업처럼 보인다. 이 회사에 투자해서 잘못될 가능성이 있을까?

2006년 6월 13일, 사냥꾼 D는 해당 주식을 주당 22.25파운드에 매수했다. 그리고 3년 후인 2009년 9월 10일, 주당 18.92파운드에 전량 매도했다.

다행히 그는 보유 초기에 주가가 하락했을 때 상당량의 주식을 추가 매수해 평균 매입 단가를 15.82파운드로 낮출 수 있었다. 그 결과, 15% 손실을 보는 대신 17%의 수익을 실현했다.

---

## 복리 효과 추구하기

아인슈타인은 E=Mc2 공식을 발견했을 뿐만 아니라 유명한 격언도 남겼다.

**"복리는 우주에서 가장 강력한 힘이다."**

저명한 수학자 존 래리 켈리 주니어John Larry Kelly Jr는 부자가 되려면 기하 평균 수익률을 최대화하는 방식으로 투자해야 한다고 주장했다. 그래야 복리의 힘을 통해 빠르게 부를 축적할 수 있다는 것이다.

오늘날 잘 알려진 켈리 공식Kelly Criterion을 자세히 설명하지는 않겠지만, 이 공식에 따르면 투자자가 유리한 확률을 갖고 있고 그 종목에 대해 자신만의 강점이 있을 때 큰 비중으로 투자해야 한다. 워런 버핏은 이 접근법의 대표적인 지지자이다. 그는 1974년 버크셔 해서웨이<sub>Berkshire Hathaway</sub>의 투자금 42%를 아메리칸 익스프레스<sub>American Express</sub>에 투자했다. 그 이유는 향후 수십 년간 자신이 해당 기업의 성장 가능성을 평가하는 데 강점이 있고, 승률이 압도적으로 높다고 확신했기 때문이다.

사냥꾼의 접근법이 효과적인 이유는 다음과 같은 기회를 제공하기 때문이다. 만약 당신이 투자한 주식이 크게 하락했지만 그 외엔 아무것도 변하지 않았다면(투자 근거가 여전히 유효하다면) 승률이 크게 향상된 것이므로 주식 비중을 대폭 늘려야 한다.

2009년 바클리즈<sub>Barclays</sub> 주식이 2008년 글로벌 금융 위기로 타격을 입어 55펜스까지 하락했을 때 한 사냥꾼은 내가 맡긴 자금의 20%를 바클리즈에 투자했다. 이후 주가는 반등했고, 그는 큰 수익을 거두었다.

여기서 중요한 점은, 사냥꾼은 바클리즈에 처음부터 큰 금액을 투자했지만 만약 주가가 계속 하락한다면 추가로 자금을 투입할 준비가 되어 있었다는 사실이다. 주가가 하락하면 승률이 높음에서 엄청나게 높음으로 올라간다는 것을 그는 알았던 것이다.

만약 위험을 통제하기 위해 포트폴리오를 분산해야 한다고 생각한다면, 여러 회사에 소액만 투자하는 방식 외에는 선택지가 없을 것이다. 그러나 사냥꾼이라면 포트폴리오 다양화가 아닌, 특정 종목이나 소수 종목의 위험과 기대 수익을 철저히 파악하는 방법을 선택해야 한다. 즉, 믿기 어려울 만큼 매력적이고 비대칭적인 수익이 예상되는 회사를 찾는 것을 목표로 삼아야 한다.

소수의 기업에만 투자하면 처음부터 큰 비중으로 투자할 수 있고, 주가가 하락하면 대규모로 추가 매수를 할 기회가 생긴다. 워런 버핏은 1993년 버크셔 해서웨이 주주들에게 보낸 연례 서한에서 다음과 같이 말했다.

"장기적으로 경쟁 우위를 지닌 합리적인 주가의 회사를 5~10개 찾을 수 있을 만큼 경제 경영 지식이 풍부한 투자자에게는 전통적인 포트폴리오 다양화가 의미가 없다. 이는 투자 성과를 해치고 위험을 증가시킬 뿐이다. 그런 투자자가 어째서 20번째쯤 좋아하는 주식에 투자하는지 이해되지 않는다. 차라리 가장 잘 이해하고 위험이 적으며 수익 잠재력이 큰 소수 종목에 투자하는 게 현명할 텐데 말이다. 미국의 유명 영화배우 메이 웨스트Mae West는 이런 말을 남겼다. '좋은 것들이 모이면 훌륭한 것이 될 수 있다.'"[28]

사냥꾼들은 종종 자금의 20%를 단일 주식에 투자했고, 주가가 하락할 경우 20%를 더 투자해도 마음이 편안했다. 그러나 대부분은 자산의 40%를 한 주식에 투자하면 밤잠을 설친다. 이때 고민을 해결할 수 있는 확실한 방법이 있다. 바로, 해당 포지션을 5년에 한 번씩 검토하거나 주가가 특정 가격 이하로 하락했을 때 알림을 설정해두는 것이다. 주가 변동에 신경을 끄면 비중이 큰 종목을 계속 보유하는 것이 훨씬 수월해진다.

또한 주식을 처음 매수할 때부터 자동 매수 주문을 설정해두면 좋다. 주가가 특정 가격까지 하락하면 기꺼이 추가 매수하겠다고 자신하던 사람도 막상 그 가격에 도달하면 두려움 때문에 망설이는 경우가 많다.

모니쉬 파브라이Mohnish Pabrai는 주식을 매수하기 전에 엑시트 플랜

Exit Plan, 수익을 실현하거나 손실을 줄이기 위해 주식을 팔 때의 전략―편집자 주을 정확히

세우라고 말했다.[29] 이에 동의하지만, 손실 종목에 대한 추가 매수

계획도 철저히 세워 놓아야 한다.

## 사냥꾼 투자법의 장점

토끼, 암살자, 사냥꾼의 가상 투자 활동을 정리한 다음 표를 보면,

사냥꾼의 투자법이 얼마나 효과적인지 알 수 있다. 셋 모두 900달러

로 투자를 시작한다.

사냥꾼은 '체리 세 입에 나눠 먹기Three-Bite-at-the-Cherry, 체리를 한 번에 다

먹을 수 없으니 세 번에 걸쳐 한 입씩 먹는 것에 비유된 말―편집자 주' 접근법을 이용해

처음에는 총액의 3분의 1만 투자한다. 주가가 일정 수준 아래로 떨

어지면 3분의 1을 더 투자하고, 더 하락하면 마지막 3분의 1을 같은

주식에 마저 투자한다.

토끼는 투자금 전액인 900달러를 한 번에 투자하고 계속 보유한

다. 암살자도 한 번에 900달러를 투자하는데, 이때 최초 매수가의

-25%에 스톱로스를 설정해둔다.

4년 동안 이들의 투자금은 어떻게 됐을까?

## 토끼의 손익

| 년도 | 주가 | 매수 수량 | 매도 수량 | 매입액 | 매입 평균가 | 평가 손익 |
|------|------|-----------|-----------|--------|-------------|-----------|
| 2011 | $100 | 9 | 0 | $900 | $100 | $0 |
| 2012 | $75 | 0 | 0 | $900 | $100 | -$225 |
| 2013 | $50 | 0 | 0 | $900 | $100 | -$450 |
| 2014 | $90 | 0 | 0 | $900 | $100 | -$90 |
| **총 평가 손익** | | | | | | -$90 |

## 암살자의 손익

| 년도 | 주가 | 매수 수량 | 매도 수량 | 매입액 | 매입 평균가 | 평가 손익 |
|------|------|-----------|-----------|--------|-------------|-----------|
| 2011 | $100 | 9 | 0 | $900 | $100 | $0 |
| 2012 | $75 | 0 | 9 | $900 | $100 | -$225 |
| 2013 | $50 | 0 | 0 | $900 | $100 | -$225? |
| 2014 | $90 | 0 | 0 | $900 | $100 | -$225? |
| **총 평가 손익** | | | | | | -$225? |

## 사냥꾼의 손익

| 년도 | 주가 | 매수 수량 | 매도 수량 | 매입액 | 매입 평균가 | 평가 손익 |
|------|------|-----------|-----------|--------|-------------|-----------|
| 2011 | $100 | 3 | 0 | $300 | $100 | $0 |
| 2012 | $75 | 4 | 0 | $600 | $86 | -$75 |
| 2013 | $50 | 6 | 0 | $900 | $69 | -$250 |
| 2014 | $90 | 0 | 0 | $900 | $69 | -$270 |
| **총 평가 손익** | | | | | | -$270 |

4년 동안 분할 매수법을 철저히 따른 사냥꾼은 270달러의 수익을 얻었다.[30] 손실 종목을 기꺼이 보유하면서 주가 하락 시 과감하게 수량을 늘리는 전략이 효과를 발휘한 것이다.

반면, 사냥꾼과 마찬가지로 계속 주식을 보유하던 토끼는 90달러 손실을 기록했다. 첫날 올인 후 아무것도 하지 않았기 때문이다. 토끼는 주가가 하락했을 때 추가 매수를 할 수 있는 '선택권'이 없었다. 그의 운명은 첫 매수 시점과 가격에 의해 결정된 셈이다.

수치상으로 암살자가 가장 저조한 성과를 낸 것처럼 보인다. 그는 225달러를 잃고 전량 매도했다. 하지만 그가 최악의 투자자였는지 여부는 이후 2년 동안 나머지 675달러를 다른 종목에 투자해 얼마를 벌었느냐에 달려 있다.

**세 개의 선택지, 답은 두 개뿐**

보유 종목에 손실이 나고 있다면 암살자가 되어 손절하고 다른 종목에 투자할지, 아니면 사냥꾼처럼 추가 매수할지 결정을 내려야 한다. 특정 접근법을 권유하지는 않겠다. 어느 방법이 적합한지는 스스로가 잘 알 것이다.

## 흔치 않은 투자 스타일

전문 투자자들로 구성된 소수 정예 그룹을 관리해보니, 강하게 확신하는 회사의 주가가 하락해도 대부분은 낙관적인 태도를 유지했다. 그렇게 하는 것이 옳든 그르든 간에. 그들이 생각하기에는 해당 기업의 스토리와 펀더멘털이 변하지 않았으며 여전히 훌륭한 투자 아이디어라고 주장했다. **그러나 대부분은 매수량을 크게 늘리지 않았다.** 이것은 어리석은 짓이었다. 여전히 훌륭한 회사이고 수백만 파운드 손실은 결국 회복될 텐데, 왜 첫 매수가보다 훨씬 낮은 가격에서도 추가 매수를 하지 않았을까?

투자자가 손실 종목을 추가 매수하도록 설득할 때 유용한 방법이 있다. 해당 종목뿐만 아니라 자신의 포트폴리오 전체를 살펴보게 만드는 것이다. 전체 포트폴리오가 수익을 내고 있다면 이렇게 말할 수 있다. "보세요! 이렇게 수익이 나고 있으니 손실 종목을 물타기할 수 있겠어요. 부분 익절하고 추가로 매수하는 게 어때요?" 또는 현금을 보유하고 있다면, 가격이 폭락한 주식의 기대 수익률이 현금 보유로 인한 수익보다 더 나을 것임을 지적할 수 있다. 특히 제로 금리Zerointerest-Rate 상황에서는 더욱 그러했다.

내가 고용한 전문 투자자 말고도 사냥꾼처럼 행동하는 것을 주저하는 투자자들이 많다. 손실 종목 물타기를 망설이는 이유는 다양하다.

1. **펀드 자금 유출**: 대부분 펀드는 매일 가격이 책정되고 고객은 하루 단위로 펀드에 가입하거나 해지할 수 있다. 운용 중인 펀

드에서 환매가 지속적으로 이루어지면 급락한 주식을 추가 매수할 수 없을 뿐만 아니라 환매 대금을 지급하기 위해 오히려 주식을 매도해야 할 수도 있다. 이로 인해 문제가 더욱 악화될 수 있다.

2. **현금 부족 혹은 유입 자금의 부재:** 관리하던 펀드 매니저 중 한 명이 이 문제를 겪었다. 그는 보유 종목이 폭락했을 때, 운 좋게 현금이 유입되지 않으면 아무런 대응도 하지 않았다. 손실 종목을 추가 매수하기 위해 현금을 따로 보유하고 있지도, 다른 종목에서 수익을 실현하지도 않았다. 내가 만난 대부분의 펀드 매니저는 손실 종목을 추가 매수하기 위해 다른 주식을 일부 또는 전량 매도하는 것을 싫어하는 것 같았다. 마음속 깊은 곳에서는 괜히 움직였다가 초기에 저지른 실수가 더 커질까 두려운 듯하다.

3. **또래 압력:** 전문 펀드 매니저는 단기적으로 성과가 부진할 때 강한 압박을 느낄 수 있다. 그럴 때 '이러나저러나 망한 건 똑같다'라고 합리화하면서 아무것도 하지 말아야겠다는 잘못된 판단을 하곤 한다. 펀드 매니저 패트릭 에버셰드Patrick Evershed는 자신의 전 직장이자 불운의 자산 관리 회사인 뉴스타New Star를 상대로 법정 소송을 제기했다. 이 사건을 다룬 기사는 투자 업계에 또래 압력이 미치는 영향을 잘 보여준다.

"에버셰드에 따르면, 뉴스타에는 직원을 괴롭히고 모욕을 주는 공포 문화가 조성되어 있었다고 한다. 뉴스타의 설립 자 존 더필드John Dufeld는 실적이 좋지 않은 매니저들에게 간 식으로 제공한 사탕을 회수하고, 그들의 이름을 외치며 사무실을 돌아다녔다. 에버셰드는 대중이 잘 알고 있는 뉴스타의 종말은 더필드 때문이라고 주장했다. 더필드는 펀드 매니저들을 괴롭히고 펀드 매니저의 자금 관리 방식에 간섭하면서도 정작 본인은 그 누구의 조언도 받아들이려 하지 않았다. 그는 턱을 내민 채 투덜거리며 온 사무실을 주기적으로 돌아다녔고, 펀드 매니저를 '멍청이', '범죄자'라 부르곤 했다. 또한 매시간 각 펀드의 실적을 체크하고, 펀드 매니저들의 성과를 비교하며 그 시간 혹은 그날 성과가 부진한 사람을 고통스럽게 했다고 한다. 2009년 서면으로 작성된 뉴스타의 공식 입장에 따르면, 더필드는 매니저들에게 사탕을 제공한 것은 인정했지만 펀드 실적에 따라 사탕을 회수한 사실은 부인했다. 에버셰드는 당시 직장 내 분위기가 끔찍하고 극도로 불쾌했으며 '너무 위협적이고, 너무 굴욕적이고, 너무 고통스러웠다'고 회상했다."[31]

마이클 루이스Michael Lewis는 저서 『머니볼Moneyball』에서 대부분의 실패 전략이 하나의 공통점을 가진다고 말했다. 모두 대중 앞에서 굴욕당하지 않으려는 두려움에서 출발한다는 것이다.

"그가 선택한 모든 변화는 성공하기보다는 굴욕을 피하는 것이 목표였다. 삼진아웃 당하지 않으려고 스윙을 짧게 하고, 홈런을 노리기보다는 공을 쳐서라도 경기를 이어가려 했다."

"펀드 매니저는 실패 확률이 가장 낮은 전략을 택하는 경향이 있다. 무능해 보이는 고통이 최선의 결정을 내렸을 때 얻는 이익보다 더 크게 다가오기 때문이다."

이 현상에서 벗어날 수 있는 사람은 없다. 미국 심리학자 솔로몬 애쉬Solomon Asch가 1950년대에 발표한 연구는 우리가 얼마나 '또래 압력'에 취약한지를 잘 보여준다. 당신에게 빨간색을 보여주고 무슨 색인지 물었을 때 주변 사람 모두가 '녹색'이라고 답한다면, 당신 또한 '녹색'이라고 답할 가능성이 높다. 누구도 고립된 상태에서 주식을 거래하지 않는다. 시티오브런던에 있든 월가에 있든 잠옷 차림으로 집에 있든 우리는 집단의 일부이며, 집단은 군중심리를 따르기 마련이다. 결국 또래 압력 때문에 추가 매수나 전량 매도와 같은 올바른 결정을 내리지 못할 수 있다.


4. **이전 주가의 움직임**: 주식을 매수하기 전 과거 주가의 움직임이 중요한 이유는 트버스키와 카너먼이 소개한 '대표성 편향 Representative Bias'과 관련이 있다.[32] 간단히 말하면, 주가가 상승한 주식은 '좋은 종목'으로 여겨져 투자자를 끌어들이고, 주가가 하락한 주식은 '나쁜 종목'으로 여겨져 소수의 용감한 투자자를 제외하고는 외면받기 마련이다. 따라서 대부분 투자자는 자

신이 보유한 주식이 손실을 보고 있을 때, 주가가 하락할 때 적극적으로 개입하기보다는 손실이 회복되길 기다리며 관망한다(이 현상을 '방관자 효과Bystander Effect'라고도 한다).[33] 손실 종목을 추가 매수하는 것은 '나쁜' 아이디어로 보이지만, 이상하게도 손실 종목을 매도하는 것도 '나쁜' 선택으로 느껴진다.

기억하라. 패자는 손실 종목을 가만히 지켜보며 그 상황을 벗어나려 애쓰지 않는다.


## 제1부의 결론

제1부에서는 투자 성공의 핵심이 손실 상황에서 무엇을 하느냐에 달려 있다는 것을 보여주었다. 연구 결과에 따르면, 중요한 결정을 잘못 내렸더라도 적극적으로 행동할 의지가 있다면 여전히 수익을 낼 수 있다.

토끼, 암살자, 사냥꾼이 내리는 결정과 그 결과를 보여주는 결정 매트릭스를 살펴보자. 여기서 중요한 점은, 아무 대응도 하지 않는 것은 결코 선택사항이 될 수 없다는 것이다.

| 결정 매트릭스 | | | |
| --- | --- | --- | --- |
| 유형 / 행동 | 토끼 / 무대응 | 암살자 / 매도 | 사냥꾼 / 매수 |
| 주가 상승 | 틀렸음 | 틀렸을 수도 있음 | 맞았음 |

| 주가 하락 | 틀렸음 | 맞았음 | 틀렸을 수도 있음 |
| 주가 변동 없음 | 틀렸음 | 맞았음 | 틀렸을 수도 있음 |

나는 전문 투자팀을 관리할 때 투자자들이 손실 상황에서 어떻게 대응하는지를 지속적으로 살펴본다. 과거는 바꿀 수 없지만 미래는 바꿀 수 있기 때문이다.

많은 전문 투자자가 아이디어 실행을 등한시한다. 일반적인 투자 회사의 운영 방식을 보면 이를 쉽게 알 수 있다. 투자 회사는 보통 수백 명의 고학력 애널리스트를 고용해, 펀드 매니저가 포트폴리오에 담을 종목을 선별할 때 필요한 아이디어들을 발굴하게 한다. 또한 포트폴리오의 리스크를 관리하기 위해 각 종목 간의 상관관계에 중점을 두지만, 개별 아이디어를 어떻게 실행할 것인지는 크게 고려하지 않는다.

더 나은 운영 방법은 펀드 매니저가 투자 아이디어를 효과적으로 실행할 수 있도록 충분한 자원을 할애하는 것이다. 최정상 운동선수들이 코치를 두는 것과 달리, 다수의 투자 전문가들에게는 코치가 없다는 것이 이상하게 느껴진다. 건설적인 피드백 없이 어떻게 투자 실력을 향상시킬 수 있을까?

투자의 기술

# "I'm Winning What Should I Do?"

# "수익이 나고 있어요, 어떻게 하죠?"

제1부에서는 토끼, 암살자, 사냥꾼 세 그룹을 소개하며, 아이디어가 잘못되더라도 실행을 잘 하면 손실 상황에서 빠져나올 수 있을 뿐만 아니라 수익으로 전환될 수도 있다는 점을 보여주었다.

제2부에서는 이제 좀도둑과 소믈리에 두 그룹을 만나, 운 좋게 수익이 났을 때 해야 할 일과 하지 말아야 할 일을 살펴본다.

수익이 나면 상황이 쉽게 풀릴 것 같지만, 실제로 수익 상황에서 잘못된 행동으로 투자를 망친 몇몇 전문 투자자들을 봤을 때 마음이 아팠다. 금을 납으로 바꾸는 '엉터리 연금술사' 투자자들이 많고, 더 안타까운 것은 그런 사람들도 여전히 높은 급여를 받는다는 사실이다.

제1부와 마찬가지로 앞으로 등장할 악당과 영웅은 실존하는 유명한 투자자들이며, 언급될 투자 내역도 모두 사실에 근거한 내용이다.

# 4장

# 좀도둑

## 보물을 한 움큼만 쥐고 달아나는 자

The Raiders: Snatching at Treasure

좀도둑은 성공과 실패 사이를 아슬아슬하게 줄다리기한다. 이들의 최대 관심사는 최대한 빨리 수익을 실현하는 것이다. 주식시장에서 이들은 마치 황금기Golden-Age 모험가와 같다. 울창한 정글을 헤치며 숨겨진 사원이나 땅에 묻힌 고대 동전과 보석을 발견하면 그것들을 주머니에 가득 담고 서둘러 도망친다.

하지만 황금기 모험가와 달리, 투자자들을 쫓는 분노한 현지인이나 경쟁자는 없다. 뒤따라 굴러오는 바위는 그저 상상 속에서나 존재한다. 그러나 이들은 붙잡혔다가는 모든 것을 잃을까 두려워하며, 최소한 무언가라도 챙겨야겠다는 마음으로 수많은 보물 상자와 자루를 포기하고 주머니만 채운 채 떠나버린다. 어쩌면 '성급한 도망'이라고도 할 수 있는 안타까운 상황이다.

운 좋게도, 내가 고용한 투자자 중에도 수차례 보물을 찾아내 (내가 만족할 정도는 아니었지만) 수익을 낸 성공한 좀도둑이 몇 있었다. 그러나 그들이 치밀하게 준비된 함정에 한두 번 걸리기만 했어도 그들의 모험은 영영 끝이 났을 것이다.

　　　　　　　　　　　　　　　　　투자의 기술

물론, 모든 좀도둑이 그렇게 운이 좋았던 건 아니었다. 아이디어 적중률이 믿기 힘들 정도로 높았음에도 결국 투자에 실패한 사람도 있었다.

그래서 이 장은 경고의 메시지를 담고 있다. 수익이 날 때 좀도둑처럼 굴어서는 안 된다.

## 무너지기 직전에 투자하기

좀도둑의 존재를 처음 발견한 것은 내가 고용한 투자자 한 명이 70%라는 경이로운 아이디어 성공률을 기록했음에도 돈을 한 푼도 벌지 못했다는 다소 충격적인 사실을 알게 됐을 때였다. 그의 거래 내역을 분석해보니 약 10%의 작은 수익을 날 때마다 주식을 곧바로 매도해 수익을 실현하고 있었다.

흥미롭게도 그는 원래 공매도를 전문으로 하던 헤지 펀드 매니저였다. 즉, 단기 투자 전문가였다. 그러나 롱온리 투자Long-Only Investment, 주식을 매수한 후 보유만 하는 투자 전략–편집자 주를 할 때 그를 포함한 좀도둑들은 내가 함께 일했던 성공적인 투자자에게서 발견되던 핵심 습관이 부족했다. 즉, 분포 곡선의 오른쪽 꼬리를 노리지 않았다. 흔히 쓰이는 표현으로 말하면, 좀도둑들은 달리는 말에서 일찍 내려 버렸다.

이와 관련된 몇 가지 안타까운 사례를 살펴보자.

시카고 브릿지 & 아이언 컴퍼니Chicago Bridge & Iron, CBI는 에너지 산업 인프라 프로젝트에 필요한 원스톱 서비스를 제공하는 다국적 대기업이다.

2009년 9월 3일, 좀도둑 A는 해당 주식을 주당 10.66파운드에 매수했다. 그리고 한 달 후인 2009년 10월 5일, 주당 12.29파운드에 포지션을 정리했다.

그는 단 한 달 만에 15%라는 상당한 수익을 올렸다는 사실에 매우 만족하는 듯 보였다. 하지만 현재 이 주식은 주당 30.38파운드에 거래되고 있다. 즉, 매도 후 주가가 147% 더 상승한 것이다.

좀도둑 A는 실현한 수익을 다른 종목에 재투자했지만, 수익은 147%에 한참 미치지 못했다. 시장 연평균 수익률을 8%로 계산하면, 그는 너무 일찍 수익을 실현함으로써 12년 치 수익을 스스로 포기한 셈이다.

---

## 사례 연구: **브리티시 아메리칸 토바코**

브리티시 아메리칸 토바코British American Tobacco는 이름에서도 알 수 있듯 담배를 제조하고 판매하는 기업이다. 회사명이 생소할 수 있지만, 일부 유명 담배 브랜드는 익숙할 것이다. 미국에서 인기 있는 럭

투자의 기술

키 스트라이크Lucky Strike와 세계 3위 담배 브랜드인 펠멜Pall Mall이 대표적이다. 그 외에도 보그Vogue, 존 플레이어John Player, 벤슨 & 헤지스 Benson & Hedges, 켄트Kent가 있다.

2009년 7월 3일, 좀도둑 B는 해당 기업의 주가가 바닥이라고 판단해 주당 19.96파운드에 매수했다. 두 달 반 후인 2009년 9월 21일, 그는 주당 21.75파운드에 주식을 매도해 9%의 수익을 올렸다.

그는 저점을 잡았다고 기뻐하며 거만을 떨었지만, 나는 전혀 즐겁지 않았다. 나는 투자자를 고용한 것이지 트레이더를 고용한 것이 아니기 때문이다.

그 후 주가는 계속 상승했다. 현재 주가는 74% 더 상승해 37.93 파운드이다. 시장 연평균 수익률을 8%로 계산하면, 좀도둑 B는 7년 치 수익을 스스로 포기한 셈이다.

---

### 사례 연구: 스웨디시 매치

좀도둑 C는 다른 담배 회사인 스웨디시 매치Swedish Match에 투자했다. 이 회사는 씹을 수 있는 담배 분야에서 세계 선두주자로 잘 알려져 있다.

그는 2008년 10월 10일, 주당 10.56유로에 해당 주식을 매수했다. 두 달 후인 2008년 12월 16일, 글로벌 금융 위기 속에서 주당 10.18유로에 매도해 4%의 작은 손실을 입었다.

이후 2009년 6월 24일, 주당 11.23유로에 해당 주식을 재매수하고 2010년 4월 22일, 주당 17.54유로에 매도하며 56%의 수익을 냈다.

많은 사람이 '뭐가 문제지?'라고 생각할 수 있다. 만약 그가 주식을 계속 보유하고 있었다면 145%의 수익을 올렸을 것이다. 현재 주가는 25.88유로에 이르렀고, 그가 두 번째 매도한 후에도 49%가 더 상승했다.

## 사례 연구: 노보 노디스크

노보 노디스크Novo Nordisk는 덴마크 제약 회사로, 당뇨병 치료제(인슐린)와 치료 장비(주사기기, 바늘) 분야에서 세계 1위 기업이다. 또한 혈우병 치료와 호르몬 대체 요법에서도 업계를 선도하고 있다.

주가가 한동안 횡보하던 시점, 좀도둑 D는 이 회사에 투자하기로 결정했다. 2009년 4월 22일, 주당 35.71유로에 최초 매수 후 2009년 12월 4일, 주당 45.32유로에 매도해 약 27%의 수익을 올렸다. 온 사무실을 뛰어다니며 동료들과 함께 기뻐하는 그의 모습이 눈에 훤히 그려진다.

안타깝게도 그가 매도한 후에도 주가는 계속해서 상승했다. 이후 175% 더 올라 현재 주가는 124.92유로에 거래되고 있다. 주식 시장 연평균 수익률을 8%로 계산하면, 13년 치 수익률을 스스로 포기한 셈이다.

분석을 거듭한 결과, 좀도둑들은 수익을 낸 종목을 계속 보유했다면 훨씬 더 큰돈을 벌었을 것이다.

상승 종목을 일찍 매도해 수익이 제한되다 보니, 몇 차례 큰 손실이 발생하자 그동안 얻은 작은 수익들은 대부분 사라지고 말았다. 좀도둑은 대체로 좋은 아이디어를 가지고도 손해를 보는 투자자의 대표적인 예였다. 이들의 적중률은 높았으나 수익은 그만큼 따라가지 못했다.

---

### 데이터 탐구

## 익절의 위험

내가 고용한 투자자들의 모든 거래 내역을 검토하다 보니, 수익률 20% 이하의 익절이 펀드 매니저에게 평균적으로 얼마나 불리하게 작용하는지 확인하고 싶어졌다.

전체 수익 종목 중 66%에 해당하는 611개 종목이 수익률 20% 미만에서 매도됐다. 이 중 370개(61%)는 매도 후에도 주가가 계속 상승했으며, 만약 계속 보유했다면 더 큰 수익을 올렸을 것이다. 각 종목의 아웃퍼폼 Outperform, 시장 평균 수익률보다 더 나은 성과를 낸 경우-편집자 주 수준은 달랐지만, 대박 종목은 이 370개 종목에서 나왔다.

게다가 가장 큰 수익을 낸 투자자들에게는 한 가지 공통점이 있었다. 그들의 포트폴리오에는 대박을 터트린 두세 종목이 포함되어 있었다. 대박을 노리지 않는 접근법은 결국 실패할 수밖에 없다.

---

익절하고 싶은 좀도둑의 심정에 누구나 공감할 것이다. 문제는 작은 수익만 계속 실현하는 것은 마치 달려오는 기차 앞에서 동전을 줍는 것과 같다는 사실이다. 기차가 도착하기 전까지는 효과가 있겠지만, 기차가 오면 모든 것이 끝나버린다.

## 너무 일찍 매도하는 이유는?

이들이 좀도둑이 된 데에는 몇 가지 주요한 이유가 있었다. 그들과의 시간을 되돌아보니, 매번 너무 일찍 매도하는 이유로 다음과 같은 몇 가지가 눈에 띄었다.

### 1. 기분 좋으려고

이익을 실현하면 기분이 좋아진다. 기분이 좋을 때 우리 몸은 테스토스테론과 도파민을 생성하는데, 이 호르몬들은 우리를 기분 좋게 만든다. 계속 느끼고 싶을 정도로 기분이 좋아진다.

흡연자들이 말하는 것처럼 즐거움을 주는 일은 중단하기 어려운 법이다. 좀도둑들은 사실상 마약 중독자 같았다. 파이낸셜 타임스 신문을 말아 코카인을 끊임없이 흡입하진 않았지만, 수익을 실현할 때마다 몸에서 분비되는 화학물질에 중독되어 있었다.

### 2. 지겨워서

전설의 투자자 피터 린치는 "지겨워서"[34] 워너 브라더스 주식을 매도했다고 인정했다.

변화를 기다리다 지루함을 느끼는 것은 인간 본성이다. 피터 린치는 이 문제를 간단히 정리했다. "수익 종목을 가만히 갖고 있는 것이 보통 하락한 종목이 반등하길 기다리는 것보다 더 어렵다."[35]

## 3. 힘들어서

수익 종목을 계속 보유하는 데 있어 '고통 없이 얻는 것은 없다'는 말만큼 적절한 표현은 없다.

수익 종목을 보유하는 것은 마치 아이들을 태우고 두 시간 거리의 동물원에 가는 것과 같다. 출발 후 반쯤 지났을 때 아이들은 "아직 멀었어요?" 하고 큰 소리로 묻기 시작한다. 4분의 3 지점에 다다르면 이제 의자를 걷어찬다.

동물원에 도착해 즐거운 하루를 보내려면 그 모든 압박을 견디고 포기하지 않아야 한다.

## 자기 통제 문제

앞서 언급한 세 가지 문제를 동시에 겪는 경우가 많다. 오늘날 우리는 굉장히 즐거운 결정을 내려야 할 순간에 종종 자기 통제 문제를 겪는다. 익절도 그중 하나다. "팔면 안 돼"라고 말하기가 너무 어려운 것이다. 여러 연구에 따르면, 인간은 내일 2달러를 받는 것보다 오늘 당장 1달러를 받는 편을 선호하는데, 이를 '과도한 가치 폄하 효과Hyperbolic Discounting'라고 한다.[36] 좀도둑은 자기도 모르게 '현재 편향Present Bias'에 빠져 있다는 것이다.

"아침에 유혹이 멀리 있을 때는 오늘은 일찍 잠자리에 들고 식단을 지키며 과음하지 않겠다고 맹세한다. 그러나 그날 밤 우리는 새벽 3시까지 노르웨이 식당에서 아주 진한 초콜릿 디저트를 두 접시나 비우고 아쿠아비트를 잔뜩 마셨다."[37]

---

## 4. 두려워서

슐로모 베나치Shlomo Benartzi와 리처드 세일러Richard Thaler의 연구 역시 단기 손실의 고통이 장기 수익의 즐거움을 능가한다는 사실을 보여준다. 이러한 근시안적(단기적) 결과에 집중하면서 손실을 혐오하는 행위를 '근시안적 손실 회피Myopic Loss Aversion'라 부른다.[38]

많은 투자자는 주식이 상승하기 시작하면 근시안적 손실 회피로 인해 두려움을 느끼고 좀도둑으로 변해버린다.

테런스 오딘Terrance Odean의 연구 결과를 보면, 인터넷의 즉시성이 이 문제를 더욱 악화시킨다고 한다. 그는 1991년부터 1996년까지 전화 통화로 주식을 거래한 투자자들이 시장을 연평균 2.4% 아웃퍼폼 한 사실을 발견했다. 그러나 온라인 주식 거래를 시작하자 그들은 시장을 연평균 3.5% 언더퍼폼Underperform, 시장 평균 수익률을 밑도는 성과를 낸 경우-편집자 주 했다.[39]

투자의 기술

흥미롭게도 오딘은 익절 후 다른 종목을 매수했을 때 새로 매수한 종목이 이전 종목의 수익률보다 2.3% 낮다는 사실도 발견했다.[40] 투자자들은 나쁜 종목을 좋은 종목으로 교체했다고 생각하지만, 실제로는 대개 그 반대의 결과가 나타난다.

## 5. 단기적 관점 때문에

많은 투자자가 좀도둑이 되는 이유는 짧은 기간에 집중하는 본능 때문이다. 이를 전문 용어로는 이를 '최신 편향Recency Bias'이라 부른다.

내가 운영했던 올드 뮤추얼 유러피안 베스트 아이디어스 펀드Old Mutual European Best Ideas Fund가 이를 잘 보여준다. 2009년부터 2011년까지 3년간의 성과만 보면 나는 슈퍼스타 매니저로 보일 것이다. 그러나 2011년 8월 한 달, 혹은 2011년 한 해의 성과만 놓고 보면 정반대의 평가를 받을 것이다. 펀드에 유입된 자금의 흐름이 이를 여실히 보여준다. 2009년부터 2011년까지 3년간 실적을 발표한 직후에는 2억 달러 이상의 자금이 유입되었지만, 2011년 8월 한 달 동안은 수천만 달러가 빠져나갔다. 2011년 이후 펀드의 실적이 좋아지자 다시 자금이 유입되고 있는 상황이다.

투자를 어떤 시간 프레임으로 보느냐에 따라 결과는 매우 달라질 수 있다. 좀도둑은 늘 단기적 프레임을 적용했다. 이는 주가가 상승하는 종목에 투자할 때 치명적일 수 있다. 많은 투자자가 주가가 이미 크게 상승한 종목을 비싼 가격에 매수하고, 약간의 수익이 나면 바로 매도하는 위험한 습관을 보인다. 이는 '쇠뿔도 단김에 빼라'는 심리에서 비롯된 것이다.

## 6. 위험을 회피하려고

　1979년 트버스키와 카너먼은 인간이 불확실성과 위험에 직면했을 때 어떤 선택을 내리는지를 다룬 혁신적인 논문을 발표했다. 이들은 '**전망 이론**Prospect Theory'을 소개하며,[41] 연구 결과 사람들은 수익이 날 때와 손실이 날 때 의사 결정 방식이 달라진다고 밝혔다. 사람들은 수익을 볼 때는 위험을 회피하려는 성향이 강해 수익을 일찍 실현하려 한다. 반대로, 손실을 볼 때는 위험을 감수하는 성향이 강해진다.

　빨리 수익을 실현하려는 인간의 습성은, 결과가 '확실'하고 그 결과가 자신에게 유리할 때 발동되는 것처럼 보인다.

◆ 손실 상황에서는 위험을 감수하는 편이 매력적이다. 뭐가 됐든 확실한 손실보다 낫기 때문이다.

◆ 수익 상황에서는 매도하는 편이 매력적이다. 작지만 확실한 수익이 불확실한 손실이나 더 큰 수익보다 낫기 때문이다.

## 상자의 비밀

많은 독자가 '딜 오어 노 딜Deal or No Deal'이라는 TV쇼를 알고 있을 것이다. 이 프로그램의 콘셉트는 매우 간단하다. 총 26개의 상자가 있고, 그 안에는 각각 1펜스에서 100만 파운드 사이의 상금이 숨겨져 있다. 참가자는 박스를 하나씩 버려야 하며, 동시에 그 안에 든 상금도 포기해야 한다.

참가자는 게임을 진행하며 라운드가 끝날 때마다 '은행가'로부터 협상금을 제안받는데, 이를 받아들이면 게임이 종료되며 남은 상자에 있는 상금은 받을 수 없게 된다. 남은 상자에 든 상금이 클수록 은행가는 참가자가 협상금을 받고 나가도록 더 적극적으로 제안한다. 예를 들어, 마지막 남은 두 상자 중 하나에는 100만 파운드, 다른 하나에는 5만 파운드가 들어 있다면 은행가는 참가자에게 15만 파운드를 제시할 수도 있다.

많은 사람이 '겨우' 5만 파운드를 선택하는 위험을 감수하는 대신 확실한 15만 파운드를 선택한다.

잠재적으로 더 큰, 그러나 불확실한 이익을 얻기 위해 확실한 이익을 포기하고 위험을 감수하는 것은 감정적으로 매우 어려운 일이며, 대부분은 그렇게 하지 못한다. 좀도둑이 되고 싶은 유혹을 느끼는 투자자라면, 행동경제학자 댄 애리얼리Dan Ariely와 지브 카몬Ziv Carmon이 딜 오어 노 딜 프로그램에 관한 흥미로운 논문을 발표했으니 읽어보길 바란다.[42]

---

## 너무 빨리 팔면 안 되는 이유

앞서 언급한 투자 사례를 보고도 주식시장에서 좀도둑처럼 행동하는 게 어리석다는 사실이 와닿지 않는다면, 여기 다섯 가지 이유를 더 살펴보자.

### 1. 대박 종목은 희소하다

대박 종목은 드물며, 대박 종목과 '오랜 시간을 보내지 않고' 성공한 투자자는 아직 보지 못했다. 내가 고용했던 성공한 투자자들은 모두 소수의 대박 종목으로 큰 수익을 올리면서도 손실 종목 때문에 큰 피해를 입지 않으려고 애썼다.

주가가 20~30% 올랐을 때 익절을 해 큰 수익을 얻지 못하는 사람은 당첨 복권을 거저 줘버리는 사람과 다를 바 없다. 또한 수익이라고 다 같은 게 아니다. 장기적으로 주식 투자는 돈을 버는 최고의 수단 중 하나지만, 개별 주식의 수익률은 종목별로 다를 수 있다. 주식시장 수익률의 분포 곡선은 시간이 지날수록 **첨도**Kurtosis가 커지는 데, 정상 분포 곡선보다 꼬리가 더 두껍다는 의미이다.[44] 즉, 소수의 대박 종목과 소수의 폭락 종목이 전체 시장의 수익률과 투자자의 수익률을 왜곡한다. 만약 이러한 대박 종목에 투자하지 않았다면 수익률은 현저히 낮아질 수 있다.[45]

---

"극단적인 것들이 우리 세상을 지배하고
우리는 그것을 정상이라 생각한다."[46]

-테리 번햄(Terry Burnham)과 제이 펠런(Jay Phelan)

---

## 토끼와 좀도둑

좀도둑은 손실 상황에서는 주로 토끼가 된다. 치명적인 조합이다.

수익 종목을 너무 빨리 팔고 싶은 충동에 손실 종목을 팔고 싶지 않은 망설임이 더해지면, 수익보다 손실이 훨씬 커진다. 사실상 하방 리스크는 크고, 상승 잠재력은 낮은 투자 스타일이라 할 수 있다.

피터 린치는 이렇게 말했다. "어떤 사람들은 무의식적으로 수익 종목을 팔고 손실 종목에 매달린다. … 이는 꽃을 뽑고 잡초에 물을 주는 것만큼이나 비합리적이다."[47]

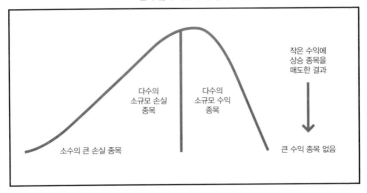

결국 잃게 되는 투자 방식

다수의
소규모 손실
종목

다수의
소규모 수익
종목

작은 수익에
상승 종목을
매도한 결과

소수의 큰 손실 종목

큰 수익 종목 없음

작은 수익만으로는 절대 큰돈은 벌 수 없다.

## 2. 경쟁에서 이길 수 있다

안타까운 사실은 앞서 보았듯 대부분 사람은 좀도둑이 되고 싶은 유혹을 쉽게 떨쳐내지 못한다는 점이다. 하지만 이 점을 잘 활용하면 오히려 기회가 될 수도 있다. 좀도둑과 달리 수익 종목을 꾸준히 보유하는 능력을 기르면 경쟁에서 손쉽게 우위를 점할 수 있기 때문이다.

---

**데이터 탐구**

### 조급한 전문가들

내가 고용한 펀드 매니저들의 투자 1,866건 중 100% 이상 수익률을 기록한 투자는 전체의 1%인 21건에 불과했다.

전체 수익 실현의 42%는 초기 매수 후 3개월 이내에 발생했으며, 61%는 6개월 이내에 이루어졌다. 반면, 3년 이상 보유 후 수익을 실현한 경우는 단 2%에 불과했다. 이는 많은 투자자들이 수익 종목을 오래 보유하기 어려워한다는 나의 평소 관찰을 입증하는 결과다.

주식을 오래 보유하는 것은 분명 투자자로서 엄청난 강점이다.

## 3. 다음 투자가 어떻게 될지 모른다

나는 서문에서 위대한 투자자들의 아이디어 중 평균 49%만이 수익을 냈다고 밝혔다. 그렇다면 다섯 번 연속으로 투자에 성공할 확률은 49%보다 현저히 낮으며, 실제로 통계상 2% 미만이다. 수익 종목을 매도해 작은 수익이라도 실현하고 싶은 마음이 들 때 이 수치를 떠올리면 수익 종목을 계속 보유하고 싶어질 것이다! 그러나 수익을 실현하고 나면 재투자할 때 지나치게 자신감을 가지기 쉽다. 특히 잃을 것이 없다고 생각할 때는 더욱 그렇다.

마이크 탈러 교수와 에릭 존슨 교수의[48] 연구에 따르면, 투자자는 위험을 회피하다가도 일단 수익을 실현하고 나면 위험을 추구하는 '하우스 머니 효과House Money Effect'를 경험한다고 한다. 이때 실현한 수익을 자신의 돈이 아닌 '하우스 머니'로 여기기 때문에 혹여 손실을 보더라도 실제로 잃은 건 아무것도 없다고 느끼게 된다.

성공적인 투자를 위해서는 이전 투자의 성공과 실패를 현재 투자에 연관 짓지 않도록 노력해야 한다. 항상 기억하라.

수익 종목을 매도하면 투자 전체 성과에 심각한 타격을 줄 수 있다.

## 4. 달리는 말은 계속 달릴 수 있다

많은 연구에서는 모멘텀 투자Momentum Investment, 최근에 상승세를 보이는
주식에 투자해 그 상승 흐름이 계속될 것이라고 기대하는 전략—편집자 주가 승리 전략이
될 수 있음을 보여준다. 시장 주도주Stock Leader, 시장 흐름을 주도하고 성과가
뛰어난 주식—편집자 주는 모멘텀 투자를 활용할 수 있을 만큼 상승세가 오
래 지속되는 경향이 있으며, 더 높은 가격에 매수하려는 더 멍청한
투자자가 (거의) 항상 나타난다.

내러시먼 제가디쉬Narasimhan Jegadeesh와 셰리든 티트만Sheridan Titman
의 1993년 연구에 따르면, 3개월에서 12개월간 수익률이 상대적으
로 높거나 낮은 주식은 이후 같은 기간 동안 같은 추세를 보인다고
한다.[49] 즉, 상승하는 주식은 계속해서 상승한 것이다(즉, 자기 상관
관계가 있었다).

오르는 주식이 계속 오르는 이유는 다양하다. 연구에 따르면, 애
널리스트와 투자자는 어떤 기업에 대해 오래되고 부정확한 실적 예
측치에 닻을 내리고, 자신들이 틀렸다는 것을 알게 되어도 예측치를
상향 조정하는 속도가 매우 느리다고 한다. 이들이 결국 예측치를 수
정하면 주식이 리레이팅되거나 어닝 서프라이즈가 발생해 투자자를
끌어들인다. 기업의 펀더멘털에는 변한 것이 없는데도 말이다.

이는 '밴드웨건 효과Bandwagon Effect'로도 설명할 수 있다. 투자자들
이 상승 종목을 사는 이유는 이미 그 종목이 다른 투자자들에게 크

게 주목받고 있기 때문이다. 상승세가 길어질수록 결국 모든 매수자가 동일한 종목과 섹터에 몰리면서 자금이 집중된다. 모든 사람은 승자 종목을 좋아하며, 주가가 계속 오르는 주식은 시장의 사랑을 듬뿍 받게 된다.

로버트 쉴러Robert Shiller가 1981년에 실시한 연구에 따르면, 주가의 움직임은 기업의 펀더멘털보다 투기적 요인에 의해 더 크게 좌우된다고 한다.[50] 또한 시장지수가 합리적인 투자 모델이 예측하는 범위를 크게 벗어나서 움직인다고도 밝혔다. 간단히 말하면, 주가지수 수익률은 해당 지수에 포함된 기업의 총 배당금과 비교했을 때 변동성이 지나치게 크다는 것이다. 실제로 2006년 12월 당시 연방준비제도이사회Federal Reserve Board 의장이었던 앨런 그린스펀Alan Greenspan은 시장이 '비이성적인 과열Irrrational Exuberance'로 인해 상승하고 있다고 공개적으로 경고했다. 그럼에도 불구하고 주식시장 랠리는 3년 더 이어지다가 결국 거품이 터졌다.

영원한 승자는 없으니 조심해야 한다. 결국 더 높은 가격에 매수할 한계 구매자Marginal Buyer가 사라지면 주가는 조정되기 시작한다.

## 5. 매수할 때부터 대박 종목을 절대 예측할 수 없다

많은 전설적인 투자자들도 자신들의 최대 수익 종목을 처음부터 예측하지 못했다고 인정했다. 심지어 어떤 투자 대가들은 얼마나 수익이 날지조차 모른 채 투자하는 스타일이었다. 예를 들어 제시 리버모어Jesse Livermore는 간단한 추세 추종 전략으로 20세기 미국에서 손꼽히는 부자가 되었다. 사실 그는 오르고 있는 주식들을 사서 상 승세를 그대로 따라갔을 뿐이며, 처음 매수했을 때 대박이 날 줄은 전혀 예상하지 못했다.

## 수익 종목은 언제 매도해야 할까?

이쯤 되면 수익 종목을 매도해도 되는지 궁금할 수 있다. 물론 매도해도 된다. 만약 그 종목을 투자하기로 결심했던 근거가 틀렸다는 걸 알게 된다면, 투자를 이어갈 이유가 없다. 운이 좋아서 수익을 냈지만 그 상승세가 지속될 거라 확신할 수 있는가?

주가가 올랐다고 해서 여러분의 판단이 옳았다는 의미는 아니며, 주가가 하락했다고 해서 여러분이 틀렸다는 의미도 아니다. 운이 좋았음을 인정하고 팔 때가 되면 매도하라.

## 전문가의 문제점

내 연구에 따르면, 펀드 매니저들은 시장 대비 수익률보다 최대 23% 초과한 시점에서 주로 매도하는 경향이 있었으며, 실제로 68%의 확률로 이 시점에 수익을 실현했다. 그들은 대박 종목을 몰라보는 놀라운 능력을 타고났거나 아니면 다른 이유가 있어 보였다. 전문 투자자에게만 나타날 수 있는 독특한 특징 몇 가지를 살펴보자. (비전문가들도 배울 점이 있을 것이다.)

## 1. 보너스

펀드 매니저는 주가지수 또는 동료들의 실적을 기준으로 1년 또는 3년 동안의 성과에 따라 보너스를 받는 경우가 많다. 따라서 자신이 상대적으로 앞서 있다는 사실을 알면, 연말 보너스를 많이 받을 수 있도록 수익을 확정하고 싶어 한다.

## 2. 시장 타이밍 예상

내가 만나본 펀드 매니저 중 일부는 초과 성과가 지속되지 않을까봐 두려워서 일찌감치 익절하려는 경향이 있었다. 실제로 어떤 이들은 주가가 향후 6개월 동안 '횡보'할 것 같으니 일단 매도하고, 그 사이 다른 종목에 투자하면 자금을 최대한 활용할 수 있을 것이라 말하곤 했다(이처럼 시장 타이밍을 맞출 수 있다고 과신하면 실패하는 경우가 많다).

## 3. 단기 예측

대부분 펀드 매니저의 목표 수익률은 보통 20~30%에 그친다. 1~2년 정도의 기간을 예측해 단기 투자 계획을 세우기 때문이다. 그러나 이러한 프로세스로는 수년 뒤에 대박 날 종목을 포착할 수가 없다.

## 4. 상대성

마지막으로, 펀드 매니저들은 상대적인 기준에서 성과를 평가받는다. 그들의 성과는 지수나 동료들과 비교해 평가된다. 펀드 매니저를 평가하는 고용주와 고객은 그들이 일을 잘 하고 있는지 확인하고 싶어 한다. 지수와 비교하는 방식이 적절한 이유는 단순히 지수를 따라가는 패시브 펀드Passive Fund(인덱스 펀드Index Fund나 상장 지수 펀드Exchange-Traded Fund)가 액티브 펀드Active Fund의 운용 수수료보다 낮기 때문이다. 고객은 비용을 더 지불하는 만큼 액티브 펀드 매니저가 더 나은 성과를 내길 기대한다.

동료들과의 비교도 합리적이다. 다른 수많은 액티브 펀드 매니저 대신 고객은 특정 펀드 매니저를 선택했기 때문이다.

지난 수년간 발표된 연구에 따르면, 고객은 실적이 가장 높은 펀드에 투자하는 경향이 있다고 한다. 주로 해당 분야의 상위 25%에 속하는 펀드가 이에 해당한다.

따라서 펀드 매니저는 벤치마크 지수와 동료들보다 **높은** 수익률을 올리는 것에 집중하게 된다. 심지어 매일같이 수익률을 비교하는 펀드 매니저들도 있다. 이들은 자신의 포트폴리오 가치를 거의 시시각각 알고 있다.

이런 방식은 종종 불필요하게 일찍 매도하는 결과를 낳는다. 매일 종목을 모니터링하면 주가 변동성을 크게 느끼게 되며, 실제보다 더 큰 리스크로 인식될 수 있다.

하지만 만약 10년마다 보유 종목을 검토한다면 어떨까? 아마 주가는 상승해 있을 가능성이 크다. 게다가 10년 동안 주가를 확인하지 않았기 때문에 주가가 매일 요동쳤다는 사실도 모른다. 하루 만에 20%, 1년에 50% 하락했을 때의 고통도 겪지 않았다. 변동성을 전혀 몰랐기에 주식 투자는 전혀 위험하지 않다고 결론 내린다.

## 한 좀도둑이 유능한 헤지 펀드 매니저였던 이유

이 책을 여기까지 읽었다면 처음 언급했던 헤지 펀드 매니저인 좀도둑 A가 어째서 롱온리 투자에는 형편없으면서 본업인 공매도 는 잘하는지 궁금할 것이다.

재미있게도 이 두 가지 특징은 함께 나타난다. 롱온리 투자에서는 파멸을 불러올 그의 투자 성향은 공매도에서는 강점으로 작용했다. 상승 종목을 매도하고 하락 종목을 계속 보유하는 그의 파멸적인 원 칙을 공매도에 적용해보면 하락 종목은 매도하고 상승 종목은 계속 보유하는, 흠잡을 데 없는 전략이 된다.

그는 공매도 시 주가가 10% 오르면 손실을 최소화하기 위해 매 도했고, 주가가 떨어지면 하락 종목을 계속 보유하며 높은 수익을 올렸다. 그는 롱온리와 공매도 모두에서 똑같이 상승 종목은 매도하 고 하락 종목을 보유했다. 수익이 나는 공매도 포지션을 지속할 수 있었던 이유 중 하나는, 수익이 날수록(주가가 하락할수록) 해당 종 목이 포트폴리오에서 차지하는 비중이 줄어들었기 때문이다. 결과 적으로, 공매도가 잘될수록 자금 손실 위험이 줄어들기 때문에 그는 부담 없이 포지션을 유지할 수 있었다.

그에게 가장 큰 영향을 준 것은 상방 리스크와 하방 리스크임이 분명하다. 공매도는 (주가는 0보다 낮을 수 없으므로) 수익이 최대 100%로 제한되지만, (주가는 계속 상승하고 또 상승할 수 있으므로) 잠재 손실은 무한하다. 반면, 롱온리 투자에서는 손실이 최대 100%로 제한되지만 잠재 수익은 무한하다.

첫 번째 시나리오는 그를 손실에 가차 없고 수익에는 탐욕을 부리게 만들었다. 두 번째 시나리오는 손실에 관대하고 수익 실현에 조급함을 느끼게 만들었다.

이러한 전략적 차이가 당신에게 어떤 영향을 미치는지 생각해보고, 이에 맞춰 투자 스타일을 수정한다면 분명 도움이 될 것이다. 작은 차이가 전설로 남을 만한 성공과 초라한 실패를 가르는 요인이 될 수 있다.

## 좀도둑이 되고 싶은 욕구 물리치기

심리학에서 유명한 실험이 있다. 연구자가 아이에게 마시멜로 하나를 주며, 만약 30분 뒤에 돌아왔을 때도 마시멜로를 먹지 않았으면 보상으로 마시멜로를 하나 더 주겠다고 이야기한다. 그리고 아이와 마시멜로만 남겨둔 채 방을 나간다.

방 안에는 신경을 분산시킬 만한 요소가 없다. TV도 없고 음악도 없다. 오직 테이블에 앉아 마시멜로만 바라보고 있어야 한다.

예상대로 아이들 대부분은 몇 분만 지나도 안절부절못한다. 그리고 대다수는 유혹을 이기지 못하고 얼마 지나지 않아 마시멜로를 먹어 치운다. 장난감 없이 방에서 보내는 30분은 그 또래 아이들에게는 마치 30년처럼 느껴졌을 것이다.

이 테스트의 핵심은 **시간 간 선택**Inter-Temporal Choice 현상을 보여준다는 것이다. 당장 (수익을 실현하는 것 같은) 즐거움을 주는 무언가가 있을 때 우리는 미래에 겪을 고통을 잘 인식하지 못한다. 근시안적 사고에 빠져, 작은 단기 이익을 위해 잠재적으로 큰 장기 이익을 잊고 만다.

좀도둑은 마시멜로를 모두 먹어 치우지 않고는 견딜 수 없었다. 반면, 마지막으로 소개할 가장 성공한 투자자 그룹인 소믈리에는 마시멜로 문제를 슬기롭게 해결했다.

# 5장

# 소믈리에

## 와인의 마지막 한 방울까지 즐기는 자

마지막으로 소개할 '소믈리에'는 다섯 그룹 중 가장 큰 성공을 거두었다. 이들의 실적은 기대에 부응하거나 그 이상이었다. 소믈리에는 예상치 못한 손실에 얼어붙지도, 수익에 들뜨지도 않았다. 그들은 모든 종목을 고급 와인처럼 대했다. 상한 와인은 즉시 처분했고, 맛이 좋은 와인은 오랜 시간 묵혀두었다. 시간이 흐를수록 더 좋은 결과를 가져올 것임을 알고 있었다. 그들은 가끔 한두 병을 마시며 시간을 견디기도 했지만, 그 외에는 여유롭게 기다렸다.

수익이 났을 때 아무것도 하지 않거나 일부만 매도하는 데는 상당한 용기가 필요하다. 어느 정도 수익이 나면 매도하고 싶어지는 것은 인간의 본능이다.

전문 투자자로서 말하자면, 고객들도 다르지 않다. 주가가 제법 상승했는데도 펀드 매니저가 팔지 않겠다고 고집하면 힘들게 번 돈을 맡긴 고객 입장에서는 답답함을 느낄 수 있다. 만약 어느 순간 주가가 다시 하락하기라도 한다면 상황은 더욱 난처해질 것이다.

4장에서 다룬 마시멜로 테스트를 소믈리에는 쉽고 간단한 방법으로 통과했다. 이들은 자신이 눈앞에 놓인 마시멜로를 먹고 싶은 유혹을 스스로 뿌리칠 수 없다는 것을 알고 있었다. 그래서 작게 한 입만 먹고 나머지는 나중을 위해 남겨두는 전략으로, 성공의 기쁨을 오랫동안 지속하며 극대화했다.

소믈리에처럼 도중에 조금씩이라도 수익을 실현하면, 장기적으로 크게 벌고 싶은 열망을 포기하지 않으면서도 즉각적인 만족을 얻을 수 있다. 이 '비결'은 내가 실제로 목격한 것으로, 내가 고용한 최고의 투자자들은 이 방법을 통해 급등하는 종목을 계속 보유할 수 있었다.


## 상승 종목을 오래 보유하는 방법

내가 고용한 소믈리에 대부분은 지적이고 논리적인 이미지를 가지고 있었다. 실제로 이들을 보면 뛰어난 사고력을 지닌 천재라서 부자가 됐을 것이라고 생각할 수도 있다.

그러나 겉모습에 속아선 안 된다. 소믈리에 그룹의 적중률은 내가 고용한 투자자들의 평균보다 오히려 낮았다. 소믈리에가 투자한 열 종목 중 여섯은 손실을 냈다. 그들의 비결은, 판단이 맞아떨어지면 끝까지 밀고 나가 큰 수익을 냈다는 데 있다. 이들은 주가가 오를 때 대부분이 안전하다고 생각한 범위를 훨씬 지나서까지 주식을 보유했다.

다음은 소믈리에가 되는 방법과 이를 적용한 실제 사례들이다.

# 1. 예측할 수 있는 기업을 찾는다

소믈리에는 10년 이상 보유할 수 있는 기업을 찾아내려 했다. 이들은 '부정적으로 놀랄' 가능성이 낮은 기업을 매수하려 했는데, 다시 말해 앞으로 몇 년간 이익 창출에 실패할 가능성이 없는 회사를 찾아다녔다.

미래에 최악의 경영진이 기업을 이끌더라도, 터무니없이 무능하지만 않다면 그 기업은 여전히 이윤을 창출할 것이다. 이러한 기업은 사실상 돈을 찍어내는 기계와 같았다. 소믈리에는 실적 성장이 주가를 끌어올린다고 믿었기에 시간이 지나면 이러한 기업의 주가는 더 상승할 것으로 예상했다.

이런 주식을 매수할 때 따라오는 주요 위험은 초기 시장 평가(즉, 주가수익비율PER)가 높을 때 발생한다. 그러면 기업 실적이 기대에 부응하더라도 디레이팅Derating으로 인해 주가가 실적을 따라가지 못할 수 있다. 오늘날 시장에서 PER 25를 감수하며 매수한 주식이 미래에는 PER 15정도로 평가될 가능성이 있다. 기업의 가치는 보는 사람에 따라 다르며, 시장 상황에 따라 높게 또는 낮게 평가받을 수 있다.

# 2. 상승 잠재력이 큰 주식을 찾는다

심지어 투자 대가들조차도 투자 아이디어가 성공할 확률이 평균 49%에 불과하다면, 일단 성공했을 때 크게 버는 게 중요하다. 따라서 투자 아이디어는 상승 잠재력이 매우 커야 한다. 투자자가 자주 저지르는 실수는 상승 잠재력이 가령 10~30%로 제한된 아이디어에 지나치게 분산 투자를 하는 것이다.

이는 때로 인위적인 제약에서 비롯되는데, 마치 좀도둑이 제약 때문에 목표치를 지나치게 낮게 설정하는 이유와 비슷하다. 소믈리에의 핵심 비결은 목표가와 같은 인위적 한계는 버리고, 작은 수익에 그칠 가능성이 있는 종목은 아예 배제하는 것이었다. 이들은 작은 성공에는 전혀 관심이 없었다.

### 3. 크게 투자하고 집중한다

소믈리에는 확신을 가진 종목에는 과감히 투자했다. 그들은 자금 전체의 50%를 단 두 종목에만 투자하기도 했다. 그들의 성공 비결은 이러한 확신에서 비롯되었다.

자신 있는 소수 종목에 집중했기 때문에 주가가 200% 이상 올라도 여전히 해당 종목을 큰 비중으로 보유할 준비가 되어 있었다. 그들의 성공은 "최초 매수 가격보다 포지션 크기가 더 중요할 수 있다"는 스탠리 드러켄밀러의 말을 입증해주었다.[51]

이런 이유로 나는 현재 관리하는 펀드 매니저들에게 자금의 최대 25%까지 단일 종목에 투자할 수 있도록 허용하고 있다.

작게 투자하면 종목이 대박 나더라도 의미가 없다. 큰 수익을 올리려면 크게 투자해야 한다.

## 4. 겁먹지 않는다

대박 종목을 계속 보유하는 핵심 비결 중 하나는 겁먹지 않는 것이다. 소믈리에는 주가가 계속 오를 때 무서워서 매도하거나 다른 좋은 종목으로 갈아타지 않았다. 20~50% 수익에 전량 매도하는 대신 작게 여러 번 수익을 실현하는 방식을 택했다.

즉, 지하실에 있는 모든 와인이 상하기 전에 특별한 날에는 한두 병을 꺼내어 기분 좋게 마시는 전략과 같았다.

## 5. 인내심을 가진다

주식이 크게 상승하는 동안 들고 있으려면 지루함을 느끼지 않아야 한다. 내가 고용한 일부 소믈리에는 만나면 너무너무 재미가 없었다. 지난 만남 이후 변한 게 없었기 때문이다. 그들은 5년 이상 보유 중인 같은 종목에 대해서만 이야기했다. 소믈리에와의 미팅이 예정된 날에는 아침에 침대에서 일어나기 힘들 때도 있었다.

사실 소믈리에처럼 투자하는 것은 쉽지 않다. 매일 사무실에 도착하면(재택 투자자의 경우 컴퓨터 앞에 앉으면) 뭐라도 해야 한다는 느낌이 들기 때문이다. 주가 차트를 살펴보고 블룸버그Bloomberg TV에서 시장 관련 최신 소식을 듣고 있으면 여기저기 매매 몇 번으로 돈을 벌 수 있을 것 같은 착각이 든다. 매년 똑같은 몇몇 회사에만 집중하면서 새로운 아이디어는 가끔씩만 조사하는 건 매우 어려운 일이다.

많은 투자자는 보유 종목이 40% 상승하면 그 주식을 보유하는 대신, 그 돈으로 투자할 다음 종목을 적극적으로 찾아나선다. 하지만 이들이 성공하지 못하는 이유가 바로 여기에 있다.

이제, 소믈리에가 실제로 이 규칙들을 어떻게 적용했는지 사례를 통해 살펴보자.

## 사례 연구: 숍라이트 홀딩스

숍라이트 홀딩스Shoprite Holdings는 아프리카 최대 식품 소매업체로, 아프리카 어디에서든 숍라이트 슈퍼마켓을 쉽게 찾아볼 수 있다. 심지어 마다가스카르와 모리셔스 섬에도 매장이 있다.

아프리카 부유층이라면 누구나 숍라이트의 고급 대형 슈퍼마켓인 체커스Checkers를, 저소득층이라면 숍라이트 유세이브Shoprite Usave

를 이용할 가능성이 크다. 남아프리카 국민의 3명 중 2명이 숍라이트 슈퍼마켓에서 쇼핑을 한다고 추정될 만큼 이곳은 아프리카에서 독보적인 입지를 자랑한다. 또한 숍라이트 홀딩스는 오케이OK 가구, 헝그리 라이온Hungry Lion 패스트푸드, 메드라이트Medrite 약국의 소유권을 가지고 운영하고 있다. 아프리카 어디에서나 볼 수 있는, 일종의 아프리카의 월마트 같은 존재이다.

2009년 5월 20일, 소믈리에 A는 주당 3.96파운드에 주식을 최초 매수했다.[53] 그리고 3년 후인 2012년 8월 9일, 13.10파운드에 포지션을 정리했다. 만약 매수 후 그대로 보유했다면 3년 만에 231% 수익을 올렸을 것이다. 알다시피 대부분 투자자는 20%, 30% 정도 수익이 나면 익절하기 때문에 너무 일찍 매도한 탓에 200% 이상의 수익을 놓치곤 한다.

소믈리에 A가 오래 주식을 보유할 수 있었던 비결은 중간중간 몇 번 수익을 실현했기 때문이다. 그는 이를 '수익 종목을 다듬었다'고 표현했다. 미용실에서 머리를 다 자르지 않고 조금씩 다듬는 것과 같다. 이로 인해 온전히 231%의 수익률을 올린 건 아니지만, 어쨌든 주가가 오르는 동안 주식을 계속 보유할 수 있었다.

평균 매도 단가는 주당 9.31파운드였으며 104%의 수익을 기록했다. 내 연구에 따르면, 이는 대부분 투자자가 올릴 수익률의 다섯 배에 해당하는 성과다.

스파이렉스사코 엔지니어링Spirax-Sarco Engineering은 영국 기업으로, 스팀 및 산업용 유체 플랜트의 건설 및 유지 보수 서비스를 제공하는 회사이다. 소비자 브랜드는 아니지만, 보일러와 배관 제어 밸브, 증기 난방용 스팀 트랩 제조 분야에서 세계 선두를 달리고 있으며 우수한 품질로 명성이 높다.

기네스Guinness는 맥주 제조 과정에서 품질과 맛에 관련된 표준을 철저히 지키기 위해 스파이렉스사코의 청정 증기 발생기로 맥주통을 살균하고 있다.

병원에서도 스파이렉스사코의 장비를 볼 수 있다. 이들의 청정 시스템은 에너지 효율을 높여주어 비용 절감에 도움을 준다. 최근 영국의 스태퍼드 종합병원Stafford General Hospital은 스파이렉스사코의 이지 히트 시스템Easiheat System을 설치해 기존의 액체 가열기(온수 가열 저수용기)보다 온수를 더 효율적으로 가열함으로써 에너지 비용을 연간 3,000파운드 이상 절감할 것으로 기대하고 있다. 오늘날 친환경적이고 비용 효율을 추구하는 운영 방식에 대한 수요가 증가하면서 스파이렉스사코가 상당한 이익을 얻을 것으로 보인다.

식품 업계에서도 조리 제품의 수요가 증가하면서 스파이렉스사코의 증기 제어 시스템이 널리 사용되고 있다. 예를 들어, 모이 파크Moy Park는 최근 즉석 훈제 치킨용 오븐을 구매하면서, 내부에 스파이렉스사코의 증기 제어 장치를 설치해 오븐 안 습도를 높이고 닭고기

를 촉촉하게 유지하고 있다. 이처럼 스파이렉스사코 제품은 어디에
서나 볼 수 있다.

소믈리에 B는 스파이렉스사코를 20년 가까이 알고만 있다가
2007년 11월 30일, 주당 9.63파운드에 투자를 시작했다. 그리고 5
년 후인 2012년 10월 22일, 주당 19.70파운드에 포지션을 정리했
다. 매수 후 그대로 보유했다면 105% 수익을 올렸을 것이다.

소믈리에 B는 중간중간 소규모로 수익을 실현하며 주식을 계속
보유해 70%의 수익률을 기록했다. 그의 평균 매도 단가는 16.40파
운드였다. 대부분 투자자가 주당 11.50파운드 정도에서 20%의 수
익을 보고 전량 매도했다는 점을 고려한다면 그의 수익률은 훌륭한
성과라 할 수 있다.

## 사례 연구: 로토크

석유, 가스, 수자원 산업에 종사하지 않는다면 로토크Rotork라는 기
업을 들어본 적이 없을 것이다. 영국에 본사를 둔 이곳은 전기, 공압,
유압 밸브 액츄에이터 제조 분야에서 세계 선두를 달리고 있으며,
엔지니어들에게 유체, 가스, 파우더 제어에 필요한 신뢰성 높은 솔
루션을 제공한다.

소믈리에 C는 로토크를 오랫동안 알고 있다가 2007년 11월 30
일, 주당 9.84파운드에 해당 주식을 최초 매수했다. 그리고 5년 후인

2012년 12월 4일, 주당 25.18파운드에 매도했다.

매수 후 그대로 보유했다면 수익률은 156%에 달했을 것이다. 그러나 소믈리에 C는 중간중간 조금씩 수익을 실현하며, 평균 매도 단가 17.26파운드로 74%라는 훌륭한 수익률을 기록했다.

## 사례 연구: 프레지던트 체인 스토어스

대만 기업인 프레지던트 체인 스토어스PCS는 대만과 중국에서 운영되는 다국적 식품 대기업으로, 회사명보다는 제품명이 더 친숙할 것이다. 마치 월마트처럼 자체 브랜드 우유와 요구르트부터 국수, 빵 등 거의 모든 식품을 판매하고 있다. PCS라는 이름은 생소할 수 있지만, 이들이 대만에서 라이선스로 운영하는 세븐일레븐, 스타벅스, 미스터 도넛, 까르푸 등의 브랜드 매장은 잘 알 것이다. 또한 PCS는 대만 프로야구 리그에 소속된 유니 프레지던트 라이온스Uni-President Lions도 운영하고 있다.

2006년 6월 15일, 소믈리에 D는 내가 투자 자금을 입금한 당일 해당 주식을 주당 1.37파운드에 최초 매수했다. 그리고 5년 후인 2011년 8월 23일, 주당 3.73파운드에 포지션을 정리했다. 매수 후 그대로 보유했더라면 173%의 수익률을 올렸겠지만, 그는 중간중간 주식을 일부씩 매도하며 평균 매도 단가 3.17파운드로 132%의 수익률을 기록했다.

카시콘뱅크Kasikonbank는 태국에 본사를 둔 상업 은행으로, 태국을 방문한 적이 있다면 대부분 이 은행의 ATM에서 돈을 인출해본 경험이 있을 것이다. 카시콘뱅크는 전액 출자한 자회사들을 통해 투자 은행 업무부터 증권 중개, 펀드 관리, 할부 금융, 기계/장비 임대까지 모든 금융 서비스를 제공하고 있다. 이 회사의 전략 기획서에 따르면, 태국의 주요 소비자 은행이 되는 것을 목표로 하고 있다.

2008년 6월 20일, 소믈리에 E는 카시콘뱅크의 주식을 주당 1.09파운드에 최초 매수했다. 그리고 2년 후인 2010년 11월 1일, 주당 2.65파운드에 포지션을 정리했다. 매수 후 보유했다면 수익률은 143%에 달했겠지만, 중간중간 일부씩 매도하며 평균 매도 단가 1.88파운드로 79%의 수익률을 기록했다.

---

### 데이터 탐구

## 손실 종목 다루기

성공적인 접근법에도 불구하고 소믈리에의 투자 아이디어 중에서 3분의 1만이 수익을 냈다. 다시 말해, 모든 소믈리에는 손실 종목을 다룰 땐 암살자이거나 사냥꾼이었다.

## 포브스 선정 '부자'에서 얻은 힌트

아이디어가 대부분 틀리더라도, 투자 성공의 절반은 수익 종목이 오를 때 대량 보유하고 있는 것임을 깨닫자, 포브스Forbes 선정 부자들이 예전과 다르게 보였다. 예전에는 "왜 내가 그 생각을 못 했을까?" 혹은 "저 사람은 분명 천재야"라고 생각할 뿐이었다.

예를 들면, 제프 베이조스Jeff Bezos는 비교적 젊은 나이인 49세에 세계 18위 부자로 이름을 올렸으며, 그의 순자산은 250억 달러에 달한다. 이는 제프 한 사람이 파라과이와 자메이카 전체 경제를 합친 것보다 부유하다는 뜻이다.

그는 어떻게 엄청난 부자가 되었을까?

주요 언론들은 제프가 창업한 아마존이 보잘것없는 온라인 서점에서 세계 최대 온라인 소매업체로 성장했기 때문이라고 설명한다. 그러나 이들이 놓친 중요한 사실은, **그가 아마존에 큰 지분을 보유하고 절대 매도하지 않았다는 점이다.**

이 간단한 이유를 절대 과소평가해서는 안 된다. 지난 10여 년간 수백 개, 어쩌면 수천 개의 회사가 아마존을 인수하려 제프에게 접근했을 것이다. 만약 누군가가 1천만 달러나 1억 달러에 회사를 넘기라고 제안했다면 당신은 거절할 수 있겠는가? 유혹을 물리치고 훌륭한 아이디어에 계속 투자하는 것은 매우 중요하다. 만약 그가 아마존을 빨리 팔아버렸다면, 우리는 오늘날 그의 이름조차 알지 못했을 것이다.

또 다른 예로, 사라 블레이클리Sara Blakely는 42세의 젊은 나이에 순자산 10억 달러 이상을 보유하며 대부호의 반열에 올랐다. 그녀는 어떻게 부자가 되었을까?

언론으로부터 전해지는 공식적인 비결은 그녀가 보정 속옷 브랜드인 스팬스Spanx를 창업했기 때문이라고 한다. 어떤 이들은 그녀가 디즈니 월드의 저임금 노동자에서 출발해, 29세에 전 재산인 5천 달러를 스스로에게 투자해 대부호로 거듭난 아메리칸드림의 상징이라고도 이야기한다. 처음에는 애틀랜타의 아파트에서 옷 디자인, 제조, 판매까지 하다가 마침내 쇼핑센터에 매장을 입점시켰다. 이후 오프라 윈프리Oprah Winfrey가 스팬스를 즐겨 쓰는 브랜드 중 하나로 언급해준 덕분에 그녀가 부자가 되었다고 말하는 사람도 있다.

그러나 잘 알려지지 않은 성공 비결은 그녀가 자신의 훌륭한 아이디어에 지속적으로 투자했다는 점이다. 현재까지도 그녀는 회사 지분 100%를 보유하고 있다. 성공하고 있을 때 필요한 것은 집중하고 인내하는 것이다. 파레토 법칙Pareto Principle 또는 80 대 20의 법칙 80/20 Rule에 따르면, 결과의 80%가 원인의 20%에서 비롯된다고 한다. 이는 훌륭한 투자자들이 대부분 틀린 결정을 하고도 어떻게 여전히 돈을 벌 수 있는지 설명해준다. 소수의 대박 종목은 전체 결과에 엄청난 영향을 미친다.

포브스 선정 부자들의 공통점은 그들 모두 어떤 회사의 지분을 대규모로 오랫동안 보유하고 있었다는 것이다.

## 왜 많은 펀드 매니저들이 실패할 수밖에 없는가

안타깝게도 펀드 매니저들은 스스로 소믈리에가 될 수 없다고 생각한다.

그 이유는 첫째, 고용 리스크를 관리하느라 과도하게 분산 투자를 하기 때문이다. 이들 대부분은 지수나 동료들과 비교해 자신의 단기 성과를 상사와 고용주로부터 평가받는다. 그래서 장기적으로 대박 날 것 같은 종목에 집중 투자하는 것이 불가능하다. 둘째, 규제 기관들은 1970년대 투자 이론을 바탕으로 전문 펀드 매니저들이 가장 확신하는 몇 개의 종목에 큰 비중으로 투자하지 못하게 하고 있다.

왜 그럴까? 소수 기업에 집중된 포트폴리오보다 분산된 포트폴리오가 덜 위험하다고 여기기 때문이다. 그러나 실제로는 한 종류의 위험을 다른 종류의 위험과 맞바꾸는 것에 불과하다.

특정 기업 리스크Idiosyncratic Risk, 고유 위험를 시장 리스크Systematic Risk, 체계적 위험로 교환하는 것이다. 투자하는 기업에 따라 고유 위험이 매우 낮을 수 있음에도 불구하고 체계적 위험으로 바꾸고 있는 것이다.

위험은 줄어든 게 아니다. 옮겨갔을 뿐이다.


## '최고의 아이디어' 투자에 대한 학술적 근거

가장 확신하는 아이디어에만 투자하는 것이 타당하다는 강력한 학술적 증거가 있다. 하버드 대학과 런던 경제 대학의 교수진은 펀드 매니저들이 가장 큰 비중으로 투자하는, 즉 가장 자신 있어 하는

종목들의 실적을 조사했다.[54]

연구의 신뢰성을 높이기 위해, 연구진은 미국 증권거래위원회 SEC에 분기별 보유 내역을 신고한 미국 주식 펀드 전체를 대상으로 1991년 1월부터 2005년 12월까지 14년 동안의 성과를 분석했다. 이 기간에는 거대한 버블이 형성된 1990년대 후반과 버블이 터지면서 주식시장이 무너진 2000년부터 2002년까지가 포함되어 있었다.

대부분 펀드는 SEC에 보유 주식을 신고할 의무가 있기 때문에, 이 연구는 해당 기간 동안 투자가 가능했던 펀드 대부분을 포함했다. 유일한 전제 조건은 최소 500만 달러 순자산, 최소 20개의 종목을 보유한 펀드여야 한다는 점이다. 지수를 추종하는 인덱스 펀드는 제외되었는데, 비중이 가장 큰 종목이라 해도 액티브 펀드 매니저의 최고 투자 아이디어를 반영한다고 볼 수 없기 때문이었다.

연구 결과는 놀라웠다. 내용은 다음과 같다.

- 각 펀드 매니저가 가장 확신하는 1개 종목은, 시장 전체 뿐만 아니라 포트폴리오 내 다른 주식들도 약 1~14%가량 아웃퍼폼 했다. 이는 연평균 4~16% 아웃퍼폼 한 것이다. 10년 기간으로 계산하면 48~341%라는 경이로운 수치로 시장을 아웃퍼폼 할 수 있었다는 뜻이다!

- 펀드 매니저들이 가장 자신 있어 하는 상위 5개 종목도 포트폴리오의 다른 종목들뿐만 아니라 시장을 아웃퍼폼 했다.

◆ 펀드 매니저들의 최악의 아이디어, 즉 비중이 가장 낮은 종목들은[55] 최고 아이디어 종목들보다 현저히 낮은 성과를 보였다.

이 연구 결과를 비판적으로 볼 수도 있다. 펀드 매니저의 최고 확신 종목이 겹쳐서 결과가 왜곡됐다거나 특정 시기에 인기 있는 종목을 다 같이 매수했을지도 모른다고 단정 지을 수 있겠지만, 실제로 그렇지 않았다. 해당 연구에 따르면 "매니저들의 최고 확신 종목 중 70% 이상이 서로 겹치지 않았고, 3명 이상이 동시에 보유한 최고 확신 종목은 8%에 불과했다"고 한다.

결국, 어떤 한 시점에 운 좋게 인기 종목에 투자해야만 성공하는 것이 아니라 자신이 가장 확신하는 아이디어에 투자해야 한다.

논문의 저자들은 간단한 질문을 던지며 결론을 내린다.

"만약 개별 뮤추얼 펀드 매니저가 최고 확신 종목 몇 개만 선택해야 한다면 어떨까? 그 조건에서 초과 성과를 낼 수 있을까? 그렇다. 우리 연구진은 해당 논문에서 이를 뒷받침하는 강력한 근거를 제시했다. 펀드 매니저들의 최고 확신 종목이 그들의 전체 포트폴리오보다 열 배 더 높은 시장 초과 수익률을 창출했기 때문이다."

이 논문에 따르면, 전문 투자자들은 분명 주식 선별 능력이 뛰어나며, 특히 자신의 최고 아이디어를 반영할 때 더 좋은 성과를 낸다고 한다. 과도한 포트폴리오 다양화가 전문 투자자의 실적 부진을 초래했다는 것이다.

"과거 뮤추얼 펀드 매니저들의 실적이 전반적으로 부진했던 이유는 주식 선별 능력이 부족해서가 아닌, 과도한 다양화를 부추기는 제도적 요인 때문이었다. 즉, 펀드 매니저들은 가장 확신하는 종목 외에도 다른 주식을 선택해야 했다."

다시 말하면, "자산 관리 산업의 구조상 펀드 매니저들은 성과를 내지 못하는 종목을 포트폴리오에 추가하는 게 최선이다. … (다시 말해) 펀드 매니저는 운용 자산 규모를 최대화함으로써 수익을 극대화하려고 노력한다. … 반면, 투자자들은 집중 투자를 통해 더 큰 이익을 얻을 수 있다. … 일반적인 운용 수수료 체제에서는 매니저들이 포트폴리오를 다양화하는 편이 유리하다."[56]


## 소믈리에 투자의 위험

가장 수익성 높은 투자자 유형인 소믈리에가 되는 것은 쉽지 않다. 매우 강력한 충동을 이겨내야 할 뿐만 아니라 중대한 위험 요인도 많기 때문이다. 특히 다음 세 가지가 위험하다.

### 1. 너무 늦을 수도 있다

앞서 다룬 것처럼, 네드 데이비스가 1929년에서 1998년까지 다우존스 산업평균지수를 분석한 결과, 강세장에서의 투자 수익 절반가량이 초반 3분의 1 기간에 발생했다.[57] 또한 강세장 전반기에 전체 수익의 3분의 2가 발생한다는 점도 지적했다. 상승하는 종목을 매수할 때는 이를 기억하라. 쉽게 돈을 벌 타이밍은 지났을 가능성이 높다.

상승세가 오래 지속될수록, 끝에 다다를 확률이 높아진다.

## 2. 모멘텀은 환상일 수 있으며, 갑자기 끝날 수 있다

주가가 오랜 기간 상승하고 스토리가 더 널리 퍼질수록 상승세에 올라타려는 투기꾼이 더 많이 모여든다.

일부 고수익 종목은 일종의 입소문 주식Viral Stock으로 볼 수 있다. 투기 자금이 상승 주식에 몰리는 이유는 우리가 대기 줄이 긴 식당을 선택하는 심리와 같다. 성공은 매력적이지만 모든 성공이 영원히 지속되지는 않는다.

투자자는 군중을 따르려는 본능이 있어 상승 종목을 보유할 때 신중해야 한다. 찰스 맥케이Charles Mackay는 1841년, 저서 『특이한 대중적 착각과 군중의 광기Extraordinary Popular Delusions and The Madness of Crowds』에서 세 가지 버블 사건(18세기 미시시피 프로젝트, 남해 포말 사건, 17세기 네덜란드 튤립 버블)을 통해 군중심리의 압박 속에서 사람들이 어떻게 이성적 사고 능력을 상실하는지 보여준다. 강세장이나 약세장이 절정에 달했을 때 사람들은 군중심리에 쉽게 휩쓸린다. 이와 같은 비합리성에 의존해 수익을 지나치게 오래 추구하는 것은 매우 위험하다.

따라서 시간을 두고 이익을 일부 실현하는 것이 합리적이다. 그래
야 계속 투자해 더 큰 수익을 올릴 가능성을 열어두는 동시에, 주가
가 하락할 경우의 잠재적 손실을 완화할 수 있다.

## 3. 빠져나오기 힘들 수 있다

네드 데이비스는 사람들이 몰리는 종목이 얼마나 위험한지 설명
하기 위해 흥미로운 비유를 들었다.[59] 만약 꽉 찬 극장에서 누군가
불이 났다고 소리 지른다면, 다들 패닉에 빠져 출구로 몰리느라 서
로 깔릴 위험이 크다. 반면, 한산한 극장에서 누군가 불이 났다고 외
치면 관객들은 자리에서 일어나 불이 났는지 살펴보고 질서 있게 걸
어 나갈 수 있다.

이것이 바로 소플리에가 수년에 걸쳐 **조금씩** 수익을 실현하는 이
유다. 한 걸음씩 비상구를 향해 다가가며 위험을 피하는 것이다.

아이작 뉴턴 경이 1700년대 남해 회사 주식에 투자했다가 전 재
산을 날린 이야기는 유명하다. 놀랍게도, 그는 같은 회사에 투자해
꽤 괜찮은 수익을 얻고 전량 매도했었다. 그러나 매도 후에도 주가

가 계속 상승하자, 주변 친구들이 큰돈을 버는 모습을 보고 더 큰 규모로 재투자했다. 그러나 안타깝게도 그때 주가는 거의 고점이었고, 이후 주가가 폭락해 뉴턴 경은 빈털터리가 되고 말았다. 그는 이렇게 말했다.

"나는 천체의 궤도를 계산할 수 있지만, 인간의 광기는 헤아릴 수 없다."


## 소믈리에가 될 준비가 되었는가?

소믈리에가 되려면 큰 용기와 인내심이 필요하다. 누구나 소믈리에의 반열에 오르고 싶어 하지만, 결코 쉬운 일이 아니다. 부디 이 장을 읽고 소믈리에가 되고 싶어졌길 바란다. 내 연구에 따르면, 큰 수익을 올린 투자자들은 모두 소수의 대박 종목을 보유하고 있었다. 이 종목들이 없었다면 그들의 수익률은 그저 평범한 수준에 그쳤을 것이다.

스티브 잡스가 세계에서 손꼽히는 부자가 된 이유도 자신의 회사 주식을 끝까지 보유했기 때문이다. 당신이라면 1984년에 주당 3달러였던 애플 주식을 2012년 700달러가 될 때까지 보유할 수 있었을까? 사과를 한두 입 베어 물고 나머지는 남겨두는 인내심을 발휘할 수 있었겠는가? 부자가 되기 위해 한 종목을 30년 동안 보유해야 한다는 의미가 아니다. 다만, 대박 종목을 오래 들고 갈 수 있는 투자 전략을 갖추는 것이 중요하다.

스탠리 드러켄밀러는 이렇게 말했다.

"장기 수익률을 높이려면 자금을 지키고 홈런을 쳐야 한다. 많은 펀드 매니저는 일단 30~40% 수익을 올리면 그해의 성과로 만족하고 수익을 실현해버린다. 하지만 진정한 장기 성과를 원한다면 30~40% 수익이 날 때까지는 인내심을 가지고 버티고, 확신이 든다면 100% 수익을 목표로 밀어 붙여야 한다."[60]

# Conclusion

## The Habits of Success

# 투자에 성공하는 습관

세계 최고의 투자자들과 함께 10억 달러 이상의 자금을 운용하고, 8년 넘게 매일 그들을 관리하면서 성공한 투자자에 대한 내 예상은 완전히 깨졌다.

알고 보니, 최고의 투자자들이 그 자리에 오를 수 있었던 건 특별한 재능이나 유복한 가정환경 때문이 아니었다(물론 일부는 실제 그렇긴 했다). 그들이 타고난 천재여서도 아니었다(대부분 똑똑하긴 했다). 대신, 그들의 성공은 결국 단 하나의 요소로 귀결되었다. 바로, 실행력이다. 이것이 그들을 잇는 공통점이었다. 그리고 성공적인 실행의 비결은 단지 습관의 문제였다.

나는 투자자를 다섯 그룹으로 나누었지만, 흥미로운 점은 실행 방법에 있어서 자신을 특정 유형의 투자자로 규정하지 않았다는 사실이다. 그들은 그저 습관대로 했을 뿐이었다.

이들은 대부분 아이디어가 틀리더라도 여전히 큰 돈을 벌 수 있는, 보이지 않는 실행 기술을 이미 터득한 상태였다. 이러한 습관들

덕분에 주식을 딱 맞는 타이밍에 사고파는 재능도, 날카로운 예측력도 필요 없었다. 그들은 손실이 발생하면 어떻게 대처해야 하는지, 마찬가지로 수익이 발생했을 때 어떻게 움직여야 하는지 정확히 알고 있었다.

손실이 날 땐, 마치 나쁜 패를 받은 포커 플레이어처럼 상황에 맞게 전략을 과감히 수정해야 한다는 것을 알고 있었다. 손실이 발생했다는 것은 그들의 투자 아이디어가 틀렸다는 시장의 피드백이었다. 이들은 아무것도 하지 않거나 소극적인 대응은 의미 없다는 사실을 알았다. 대신, 손실 상황에서는 포지션을 크게 줄이거나 반대로 적극적으로 비중을 늘리는 습관을 독자적으로 형성했다.

수익이 날 땐, 야구로 비유하자면 1루로 도루하는 것이 아닌 홈런을 노려야 한다는 것을 알고 있었다. 그들은 수익이 났을 때 빠르게 빠져나오고 싶은 충동을 억누르고, '떨어지기 전에 빨리 수익을 챙겨!'라는 내면의 소리에 흔들리지 않으며 주식을 보유하는 습관을 길러왔다.

어쩌면 일부 독자는 내가 발견한 성공 습관이 너무 단순하고 전혀 새롭지 않은 내용이라 실망했을지도 모른다. 내가 모든 걸 지나치게 단순화했다고 느끼거나 아이디어를 훌륭히 실행하는 기술을 익히기까지 수십 년이 걸릴 거라고 생각할 수도 있다. 진실은 막상 알게 되면 실망스러울 때가 제법 있다.

성공한 투자자들은 대중이 평균보다 뛰어난 사람만이 투자에 성공한다고 생각해주길 원한다. 그들은 특별한 재능이 있는 펀드 매니저와 팀에 의해 수익이 결정된다고 믿어지길 바란다. 그러나 이는 그저 그들이 만들어낸 신념일 뿐이며, 실제로 누구나 투자에 성공할 수 있다. 학력, 배경, 나이, 투자 경력과 상관없다. 다만, 손실이 날 땐 적극적으로 대응하고 수익이 날 땐 신념을 지키면 된다. 이런 원칙을 지킬 수 있는 자제력이 있다면 누구나 투자에 성공할 수 있다.

이 책을 읽는 많은 전문 투자자들은 분명 투자 방식을 바꾸지도, 내가 밝힌 성공 습관을 받아들이지도 않을 것이다. 그들에게는 그 원칙들이 너무 단순하거나 평범해 보일 것이다. 대부분은 자신이 가장 똑똑하고 제일 잘 알고 있다고 생각한다. 마치 모든 운전자가 자신의 운전 실력이 평균 이상이라 과신하는 것처럼 말이다. 결국 자기 손해다.

영화 「대역전Trading Places」의 주제 의식을 빌리자면, 이 습관을 중고교생에게 가르쳐도 오늘날 대부분의 전문 투자자보다 더 뛰어난 성과를 낼 것이라고 장담한다. 사실, 이 습관을 따르기만 해도 투자 회사의 최고투자책임자CIO에게 지지 않을 것이다.

## 추억의 만찬

어떤 사람들은 성공한 투자자 그룹의 습관을 그대로 받아들이면 자신의 정체성을 잃고 남의 아이디어에 의존하게 될까 걱정할 수도 있다. 다행인 건, 같은 그룹에 속한 투자자들조차도 거의 모든 것에서 의견이 달랐다. 그들의 실행 습관은 비슷했지만 투자 동기나 아이디어는 서로 완전히 달랐다.

이에 관한 생생한 일화가 떠오른다. 2011년 여름, 나는 유러피안 베스트 아이디어스 펀드European Best Ideas Fund의 성공을 기념해, 전설의 억만장자 헤지 펀드 매니저이자 유명한 투자자인 크리스핀 오디Crispin Odey가 주최하는 저녁 식사 자리에 몇몇 투자자들을 초대했다.

그날 저녁은 여러모로 특별했다. 세계 최고의 투자자들이 가까스로 한데 모여 저녁 식사를 하고 있다는 사실도 대단했지만, 크리스핀의 사무실 뒤뜰에 펼쳐진 호화스러운 다이닝룸도, 그의 친구이자 유명 셰프인 미셸 루Michel Roux가 그날의 요리사로 섭외된 점도 인상적이었다. 음식은 우리가 있던 곳에서 10미터 떨어진 가브로쉬 식당에서 가져온 것이었고, 곁들여진 와인은 내가 전에 본 적 없고 앞으로도 볼 수 없을 정도로 최고급이었다.

하지만 가장 인상 깊었던 것은 그곳에서 벌어진 투자자들 간의 격렬한 논쟁이었다. 테이블에는 톱클래스 투자자인 소믈리에, 사냥꾼, 암살자가 뒤섞여 앉아 있었는데, 이렇게 적은 인원에서 이토록 상반된 의견이 쏟아지는 광경은 보기 힘들 것이다.

특히 두 투자 거물이 한 종목을 두고 열띤 논쟁을 벌이는 장면은 무척 흥미진진했다. 한 사람이 강하게 지지하는 종목을, 다른 한 사람은 애초에 고려하는 것 자체가 미친 짓이라고 일축하기도 했다.

결국 시장은 제로섬게임이기 때문에 한 사람은 승자, 다른 사람은 패자가 될 것이라고 예상할 수 있지만, 실제로 그렇지 않았다. 이들 모두 상반된 견해를 가지고 있었지만 결국 모두 큰 성공을 거두었다.

그들이 공통적으로 지닌 습관 덕분이었다. 모두가 자신의 아이디어를 실행하는 기술에 통달한 사람들이었다.

주가의 등락에는 여러 요인이 작용하지만, 돈을 벌 것인지 잃을 것인지는 결국 실행 방법에 달려 있다.

---

"무엇을 해야 할지 알고 있는 사람은 많지만,
아는 것을 실행에 옮기는 사람은 드물다.
아는 것만으로는 부족하다! 행동해야 한다."

-토니 로빈슨(Tony Robinson)

---

---

"미래는 당신이 오늘 무엇을 하느냐에 달려 있다."

-간디(Gandhi)

---

투자의 기술

# The Winner's Checklist

## The Five Winning Habits of Investment Titans

# 승자의
# 체크리스트

## 투자 거물들의 다섯 가지 성공 습관

# 1 최고의 아이디어에만 투자한다

가장 확신 있는 몇 가지 아이디어에만 투자하라. 내 연구에 따르면, 투자에 성공하려면 대박 종목 한두 개는 갖고 있어야 한다. 80 대 20 법칙(파레토의 법칙)은 사실이다.

> "60등 아이디어보다 1등 아이디어에 더 많이 투자해야 하지 않을까?"
>
> —브루스 버커위츠(Bruce Berkowitz)

> "모든 달걀을 한 바구니에 담고 그 바구니를 지켜보라."
>
> —마크 트웨인(Mark Twain)

하지만 1등 아이디어 딱 **하나**에만 투자해서는 안 된다. 한마디로 운이 나쁠 수 있기 때문이다. 게다가 내 연구 결과에 따르면, 성공 확률은 50%에 미치지 못한다. 따라서 올인하는 것은 위험하다.

# 2 포지션 크기가 중요하다

각 아이디어에 큰 금액을 투자하되, 한 번의 결정으로 운명이 바뀔 만큼 과도하게 투자해서는 안 된다. 건방진 총잡이가 아닌 성공한 총잡이처럼 행동하라.

건방진 총잡이는 자신의 실력을 과신한 나머지, 총알을 한 발만 장전하고 나머지 다섯 발은 필요 없다고 생각한다. 그러나 10분 뒤, 피투성이가 된 자신의 시체를 하늘에서 내려다보며 뒤늦게 깨닫게 된다. 반면, 성공한 총잡이가 살아남아 전설이 된 이유는 항상 탄알을 가득 장전해놓았기 때문이다. 그들은 때로는 한 발 이상의 총알이 필요하다는 것을 알고 있다. 나는 손실 종목에 추가로 자금을 투입하는 과정을 또 다른 총알을 발사하는 것에 비유하곤 한다. 하나의 아이디어에 모든 자금을 묶어 놓지 않는 것은 성공할 기회가 여러 번 있다는 뜻이다. 하지만 너무 많은 아이디어에 투자해 포트폴리오를 지나치게 분산시키는 실수는 피해야 한다. 대신, 비중을 크게 투자할 준비를 하면서 첫날부터 올인하지는 않는다.

# 3 오를 땐 욕심을 낸다

상승 종목은 오래 보유하라. 분포 곡선의 오른쪽 꼬리, 즉 통계상 희박한 확률에 도달할 기회를 노려야 한다. 10%, 20% 수익에 안주하지 말고 투자 종목이 '10루타 종목Ten Bagger, 초기 투자액의 열 배 이상 상승한 종목—편집자 주'으로 성장할 수 있도록 기회를 열어두어라.

# 4 손실에 적극적으로 대응한다

손실 상황에서는 의미 있는 물타기를 하거나 손절하라. 이 두 가지 대응법 모두 결과를 바꿀 수 있다. 손실 종목이 수익 종목으로 전환될 수도 있다. 손실이 날 경우를 대비해 철저한 대응 계획을 세우고, 그 계획을 고수해야 한다.

"모든 장군은 계획이 없으면 적과 맞붙어서 살아남을 수 없음을 안다."
—헬무트 카를 베른하르트 그라프 폰 몰트케(Helmuth Karl Bernhard Graf Von Moltke)

"누구나 그럴싸한 계획이 있다. 맞기 전까지는."
—마이크 타이슨(Mike Tyson)

# 5 유동성이 높은 주식에만 투자한다

공개 상장된 종목에 투자할 땐 아이디어를 실행할 수 있을 만큼 유동성이 충분한지 반드시 확인해야 한다. 무엇을 해야 할지 알고 그것을 실행하고 싶어도, 실행할 수 없는 상황만큼 최악은 없기 때문이다.

# The Loser's Checklist

## The Five Losing Habits of Most Investors

# 패자의
# 체크리스트

## 대부분 투자자의 다섯 가지 실패 습관

# 1 다양한 아이디어에 투자한다

많은 전문 펀드 매니저들은 리스크를 줄이려고 포트폴리오를 다양화하면서, 확신이 적고 기대 수익률이 낮은 아이디어에 투자하곤 한다.

"과도한 분산 투자가 수익을 희석시킨다. 분산 투자는 무지를 숨기는 행위다. 액티브 펀드 매니저들은 자신이 투자 중인 회사들에 대해 충분히 조사하지 않는다. 액티브 펀드 매니저가 200개 종목을 보유하고 있다면, 그가 각 회사에서 무슨 일이 일어나는지 다 알고 있다고 생각하는가?"

—빌 애크먼(Bill Ackman), 퍼싱 스퀘어(Pershing Square) 창립자

"평균 150개 종목을 보유한 뮤추얼 펀드는 성과보다는 비지니스적인 이유로 많은 종목을 보유한다. 펀드 매니저는 '어떤 실수를 하면 해고될까?'라는 질문에 집중해야 하는 직업이다. 대개는 성과 미달이 치명적이라 판단하고, 그 가능성을 최소화하는 전략을 짠다."

—빌 나이그렌(Bill Nygren), 오크마크 펀드(Oakmark Funds) 펀드 매니저

"포트폴리오를 지나치게 분산하면 평범한 기업에 투자할 수밖에 없고, 그 결과 또한 평범할 수밖에 없다."

—찰스 멍거(Charlie Munger), 버크셔 헤서웨이의 부회장

# 2 각 아이디어에 작게 투자한다

대부분의 아이디어가 틀리더라도, 맞춘 아이디어가 큰 수익을 내어 전체 투자 성과를 끌어올려야 한다. 이를 위해서는 그 아이디어에 충분한 자금을 투자해야 한다.

# 3 작은 수익을 실현한다

여러 종목에서 작은 수익을 실현하는 것은 결국 그 투자 전략이 실패할 것이라는 신호다. 사실상 이는 달려오는 기차 앞에서 동전을 줍고 있는 것과 같다.

# 4 손실 상황에서 투자 아이디어에 집착하고, 대응하길 거부한다

# 5 유동성을 고려하지 않는다

다섯 가지 투자 성공 습관을 받아들이고,
다섯 가지 실패 습관은 피하길 바랍니다.
주식 투자에 필요한 실행의 기술을 무사히 터득하면,
시간이 흐르면서 진정한 부를 이룰 수 있을 것입니다.
행운을 빕니다.

-리 프리먼 쇼어

# 미주

**1** *Being Right or Making Money*, by Ned Davis (2000).

**2** As quoted in *Ibid*.

**3** *'Judgment under uncertainty: Heuristics and biases', Science, by* Amos Tversky and Daniel Kahneman (1974).

**4** *Free Radicals: The Secret Anarchy of Science*, by Michael Brooks (2011).

**5** *The General Theory of Employment, Interest and Money, by* John Maynard Keynes (1936).

**6** *How We Decide*, by Johan Lehrer (2009).

**7** 'Money: A Bias for the Whole', *Journal of Consumer Research, by* Himanshu Mishra, Arul Mishra and Dhananjay Nayakankuppam (2006).

**8** 'Denomination Effect', *Journal of Consumer Research*, Priya Raghubir and Joydeep Srivastava (2009).

**9** *One Up on Wall Street*, by Peter Lynch and John Rothchild (2000).

**10** *The Dhandho Investor*, by Mohnish Pabrai (2007).

**11** 도널드 럼즈펠드(Donald Rumsfeld)의 발언으로 알려짐.

**12** *Being Right or Making Money*, by Ned Davis (2000).

**13** *Ibid*.

**14** *Fortune's Formula*, by William Poundstone (2006).

**15** blog.asmartbear.com/ignoring-the-wisdom-of-crowds.html

**16** *The Little Book of Behavioural Investing*, by James Montier (2010).

**17** *An Astronaut's Guide to Life on Earth*, by Col. Chris Hadfield (2013). 우주비행사 크리스 해드필드(Chris Hadfield) 대령이 러시아 우주 정거장 미르(Mir)에 도킹 모듈

을 설치하는 첫 번째 임무에 대해 언급하며.

**18** In *Market Wizards*, by Jack D. Schwager (1990).

**19** In *The New Market Wizards*, by Jack D. Schwager (1994).

**20** *So Far, So Good*, by Roy R. Neuberger (1997).

**21** *The Wisdom of Crowds*, by James Surowiecki (2005).

**22** *Predictably Irrational*, by Dan Ariely (2009). "훌륭한 투자자가 되려면 아이디어를 늦어도 언제까지 실현시킬지 명확히 설정해야 한다."

**23** *The Dhandho Investor*, by Mohnish Pabrai (2007).

**24** 'Gambling with the House Money and Trying to Break Even: The Effects of Prior Outcomes on Risky Choice', *Management Science, Richard* H. Thaler and Eric J. Johnson, (1990). Available at SSRN: ssrn.com/abstract=1424076

**25** Lynch (2000).

**26** 'Prospect Theory: An Analysis of Decision Under Risk', *Econometrica*, by Daniel Kahneman and Amos Tversky (1979).

**27** 'The disposition effect and underreaction to news,' *The Journal of Finance*, by A. Frazzini (2006).

**28** Extract from Warren Buffett's annual letter to the shareholders of Berkshire Hathaway, (1993).

**29** Pabrai (2007).

**30** 명목 수익률로는 그렇지만, 인플레이션을 반영한 실제 수익률을 감안했을 때, 이 기간 동안 투자한 1,000달러의 구매력은 알 수 없다. 다만, 유지되거나 가능하다면 증가했기를 바랄 뿐이다.

**31** 'Evershed: New Star Property ad campaign lost investors millions', *Investment Week (2011)*.

**32** 'Subjective probability: A judgment of representativeness', by Daniel Kahneman and Amos Tversky in *Judgement Under Uncertainty* by Kahneman, Slovic, Tversky (1972).

**33** 'Bystander intervention in emergencies: Diffusion of responsibility', *Journal of Personality and Social Psychology*, J. M. Darley and B. Latane (1968).

**34** Lynch (2000).

**35** *Ibid.*

**36** 'Some Empirical Evidence on Dynamic Inconsistency', *Economic Letters, by Richard Thaler (1981).*

**37** 'Anomalies: Intertemporal Choice', *Journal of Economic Perspectives*, George Loewenstein and Richard H. Thaler (1989).

**38** 'Risk Aversion or Myopia? Choices in Repeated Gambles and Retirement Investments', *Management Science*, by Shlomo Benartzi and Richard Thaler (1999). 단기 손실의 고통이 장기 수익의 즐거움을 능가한다고 한다. 이렇게 근시안적(단기적) 결과에 집중하면서 손실을 혐오하는 행위를 '근시안적 손실 회피(Myopic Loss Aversion)'라 부른다.

**39** 'Online Investors: Do the Slow Die First?, *EFA*, by Brad Barber and Terrance Odean (1999).

**40** 'Trading is hazardous to your wealth: the common stock investment performance of individual investors', *The Journal of Finance, by Brad Barber and Terrance Odean* (2000).

**41** Kahneman and Tversky (1979).

**42** 'Focusing on the Forgone: How Value Can Appear So Different to Buyers and Sellers', *Journal of Consumer Research, by Ziv Carmon and Dan Ariely* (2000).

**43** *The Psychology of Finance*, by Lars Tvede (1999).

**44** More Than You Know, by Michael Mauboussin (2006).

**45** Mauboussin (2006).

**46** *Mean Genes*, by Terry Burnham and Jay Phelan (2001).

**47** Lynch (2000).

**48** Thaler and Johnson (1990).

**49** 'Returns to Buying Winners and Selling Losers: Implications for Stock Market Efficiency', *Journal of Finance*, by Narasimhan Jegadeesh and Sheridan Titman (1993).

**50** 'Do Stock Prices Move Too Much to Be Justified by Subsequent Changes in Dividends?', *American Economic Review, by Robert Shiller* (1981).

**51** 드러켄밀러는 1986년부터 2010년까지 약 30%의 연복리 수익률을 기록한 유명한 투자자이다. 이후 그는 헤지 펀드인 듀케인 펀드(Duquesne Fund)의 외부 투자 자금을 모두 반환하고 개인 자산 관리 목적으로 듀케인 패밀리 오피스(Duquesne Family Office)를 설립한다고 발표했다.

**52** Schwager (1994).

**53** Those of you with a keen eye will note that this was the same date as for Spirax-Sarco. The reason is simple. That's when I gave him the money to invest.

눈썰미가 있는 독자라면 이날이 스파이렉스사코 첫 매수일과 같은 날짜임을 알아챘을 것이다. 그 이유는 간단하다. 그날 내가 그에게 투자 자금을 입금했기 때문이다.

**54** 'Best Ideas', by Randolph Cohen, Christopher Polk, Bernhard Silli (2010). Available at SSRN: ssrn.com/abstract=1364827

**55** Active weight, not absolute weight.

**56** Cohen, Polk and Silli (2010). Combining several quotes relating to Berk and Green's 2004 findings in their paper: 'Mutual fund flows and performance in rational markets', *Journal of Political Economy*, by Jonathan Berk and Richard Green (2004).

**57** Davis (2000).

**58** Quoted in Schwager (1990).

**59** Davis (2000).

**60** Schwager (1994).

# 색인

투자의 기술

# The Art of Execution by Lee Freeman-Shor

Originally published in the UK by Harriman House Ltd in 2015, www.harriman-house.com.
Copyright © Lee Freeman-Shor
Korean translation copyright © 2025 Korean Studies Information Co., Ltd.
This edition published by arrangement with Harriman House Ltd through LENA Agency, Seoul.
All rights reserved.

이 책의 한국어판 저작권은 레나 에이전시를 통한 저작권자와 독점계약으로 한국학술정보가 소유합니다.
신저작권법에 의하여 한국 내에서 보호를 받는 저작물이므로 무단 전재 및 복제를 금합니다.

T h e   A r t   o f   E x e c u t i o n

초판인쇄 2025년 3월 31일
초판발행 2025년 3월 31일

지은이 리 프리먼 쇼어
옮긴이 홍주희
발행인 채종준

출판총괄 박능원
국제업무 채보라
책임편집 양동훈
디자인 홍은표
마케팅 문선영
전자책 정담자리

브랜드 드루
주소 경기도 파주시 회동길 230 (문발동)
투고문의 ksibook1@kstudy.com

발행처 한국학술정보(주)
출판신고 2003년 9월 25일 제406-2003-000012호
인쇄 북토리

ISBN 979-11-7318-265-5  03320